看護師

マザー夢都子《むっこ》物語

鈴木　夢都子 / 著

序章

「私は本当に看護をすることが大好き」――その思いが始まりだった。人の世話をすることが楽しく、その人のいい顔が見られたとき、自分にも感動が伝わって来て嬉しく、時にその嬉しさは涙になるときもあった。また、そんな思いが味わえるこの仕事を誇りに思った。そして動けない人は、決して人を裏切ることも、またここから逃げ出すことも、病気から逃れることもできないことに、人生への無念さも感じ、とてもいとおしくさえ思えた。

もう、20年前から、3ヵ月すると、次の行き先を探さなければならない方たちが大勢いる。特別養護老人ホームへ入れる方はまだ良い方で、年齢制限や所得で振り分けられ、順番待ちとなる。一生懸命頑張った方々が、安心して居られる居場所があればいいのにと、いつも思っていた。

建設会社の会社の寮だったこの建物を、新聞のチラシで見ていたとき、この位の大きさなら、しっかり管理できると思ったものの、当初は値段が高く、とても手の届く額ではなかった。それでも毎週入るチラシを見ていると、だんだん値が下がり、かなり安くなったため、これなら何とかなると思い銀行へ話に行った。お金がないとダメだなと思い、知人から1千万円を借りて、そのお金を銀行へ預金（見せ金？）しに行った。ところが、融資課長さんに介護保険の話をしても、全然理解してもらえない。「支店長さんを呼んで下さい」と訴えても納得されず、代わりに出た言葉は「『事業計画書』を作成して下さい」だった。

私は「それはどんなものですか？」と聞いて説明を受け、一晩で作成して支店長へ持って行った。後に不動産屋さんから聞いたが、「あの人、女にしておくのもったいないですね」と言われたそうだ。

度胸と、ただひたすらやりたいという一心だけで、人の心を動かしたのかもしれない。先に述べたように、当時はまだ介護保険の始まる前だったので、理解されるには難を要したと思う。半ば強引だったかもしれないが、それと同時にやりたいと思う勢いは、すごかったのかもしれない。

もう、ホームを初めてかなりの年月が経過したが、やろうと思った当初は、3ヵ所の職場で5年以上仕事し、ただひたすら貯金した。父親に話をすると、富山弁で「あんにゃ、なにわからんことを言っとらんよ、そんなわけのわからんこと言わんと、大きな病院で働いていれば安心だよ」と言われた。しかしその父は胃癌手術、肺炎にて入院する前に、「夢都子、これ使っていいよ！」と持ち金の300万円をポンと渡してくれた。父はその直後に入院して気管切開、結局呼吸器を付けてひと月後に永眠した。後に姉から「夢都子に、葬式に使うお金を取られた」と話していたというから、私は随分罪なことをさせたんだなと、今になって悲しい思いをさせたことをとても悔やんだ。

いずれにしても、何とか融資を受けることができ、建物は手に入った。手に入れてまず思ったのは、この建物をリフォームし、畳の部屋を全部フローリングにして、常に清潔な場所にしたいということ（床ならアルコール消毒もできる）。畳の古い家では、ダニが発生し、病院でも疥癬の患者さんへどう対応するかが問題となっていたので、全室バルサンを2回たき、その後アルコール消毒、ベット消毒、カーテンは防災・防虫用とし、工事が始まった。

まだ介護保険の始まる1年以上も前のことで、ほとんどの人達に「できるはずがない」と反対された。が、自分ではそうは思わなかった。当時、東葛病院で働いていた私は、

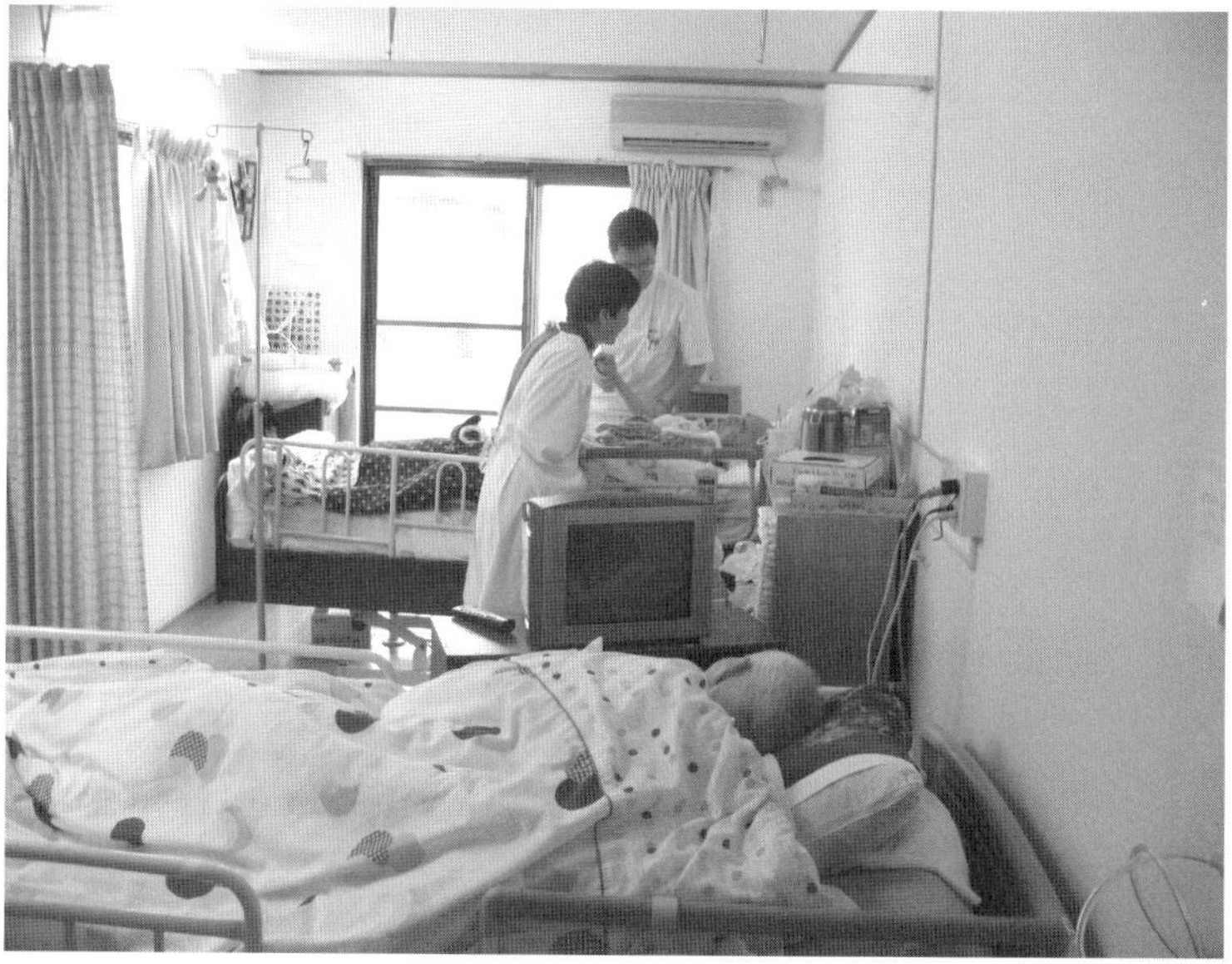

訪問看護ステーションに所属して各家庭へ訪問し、家人の悩み、介護へのつらさ、援助の仕方、家族にやりやすい方法など、一緒に考え悩むことがたくさんあった。しかし、色々工夫したり、傾聴したり、その人に合った介護のやり方を学んだり、また他のナースに教わったりすることで解決することができたからだ。

それでも、一人で高齢者が病人のお世話をすることは大変だ。しかし現実は、70歳以上の老人が90歳以上の方を介護している。また、難病患者の家族は、次第に病が進行していく、常に先の見えない不安と向き合いながら、頑張っている。

そんな人達を見ながら開設準備が進み、平成10年1月にとうとう利用者が入居し始めた。始めは一緒に働いていたナースと友人ナース他ヘルパーさん数名、介護福祉師1名でのスタートだった。

その後、介護保険が始まる前に、営利法人の資格をとり、訪問看護ステーション、ヘルパーステーション、支援センターと認可され、利用者も随分負担が少なくなった。

当初の看護費用は、約12万円。介護保険がスタートしてからは1割負担で済むから、それ以前はいかに家族が大変だっただろうかと思う。それでも、誰一人「高いですね」と言うことなく、毎月約18万円のお金を持って来て下さった。当時はどうにか経営が廻っているというホームだったので、大変だと思いながらも、いつも感謝の気持ちでいっぱいだった。

支払いに来て下さると、やはり患者さんがとても嬉しそうにしたこと、淋しいときやつらいときは、一緒に泣きそうになったときの思いを、一生懸命言葉を選んで話して来

た。

本当に頑張る、みんなで一生懸命すると言うことは、少し違っていても、何か通じるものがあると思う。それなりに、わかってもらえたと実感した。そして、家族と一緒に涙を流せることもできた。

ここまで来るには、たくさんの出会いの中に、始めは心配そうに、でももう私達には、私には限界に来ている。「助けて下さい」の心の叫びを、どこかで感じ受け止めて、入所する。確かに、他のホームを出されて転々とし、このホームへ来るわけだから、「本当に看てくれるところはあるのだろうか?」と悩み、葛藤することもたくさんあっただろうと思う。でも家族や周囲の者たちが、その病気を引き起こしている訳ではないから、やっぱり病は切ない。

私だって、死ぬときは人に迷惑をかけずに死んで行きたいと思う。「寝ていて、そのままスーと死ねればいい」と思うこともある。でも、自分自身の末路は、誰も知り得ることはできない。ならば、やはり先に述べているように、頑張った人、普通に生きた人もみんな一人ひとり、家族にとっては大切な方々なのだ。

看護師

マザー夢都子物語

●目　次

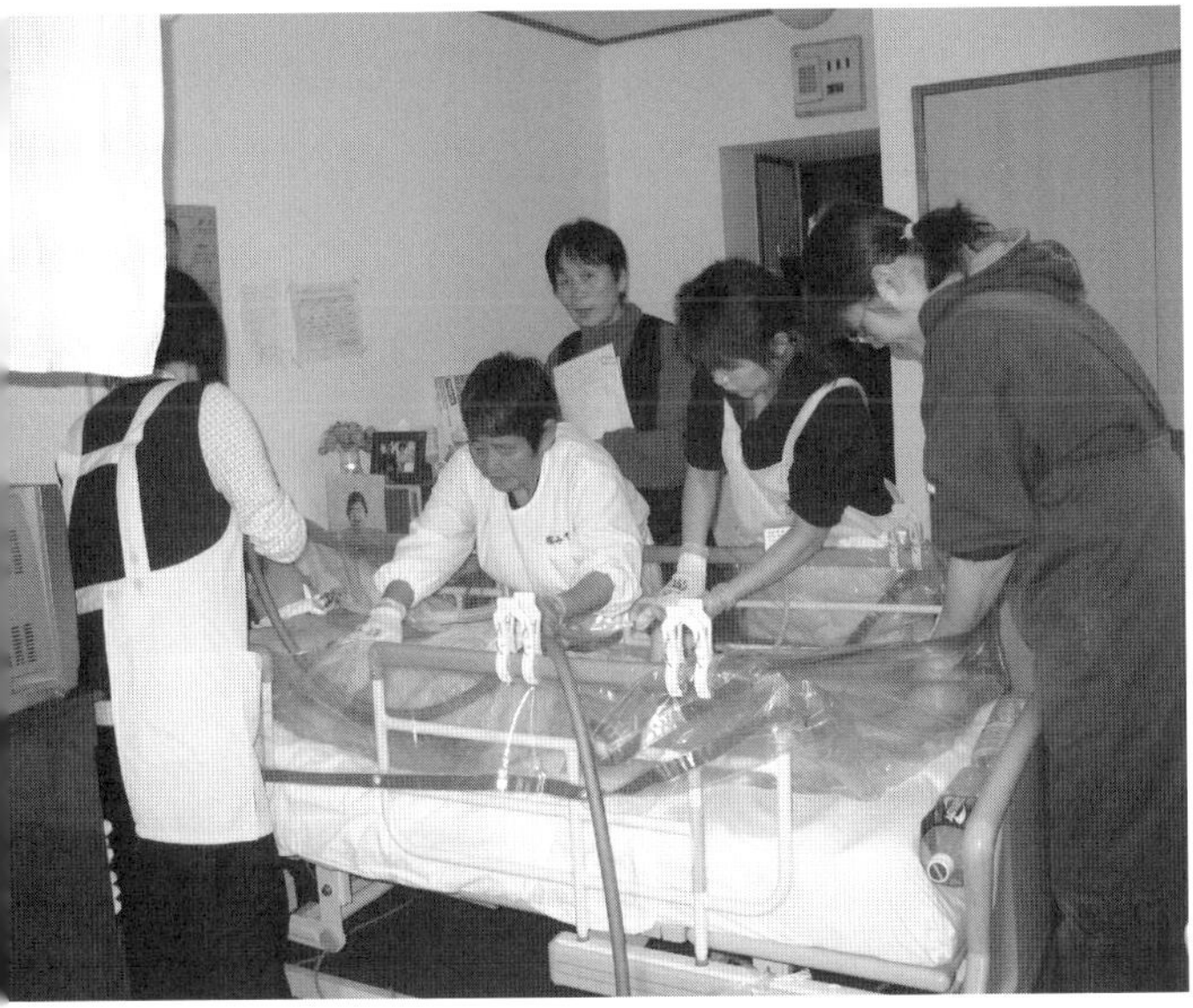

目次

目　次

第一章

● 看護への道

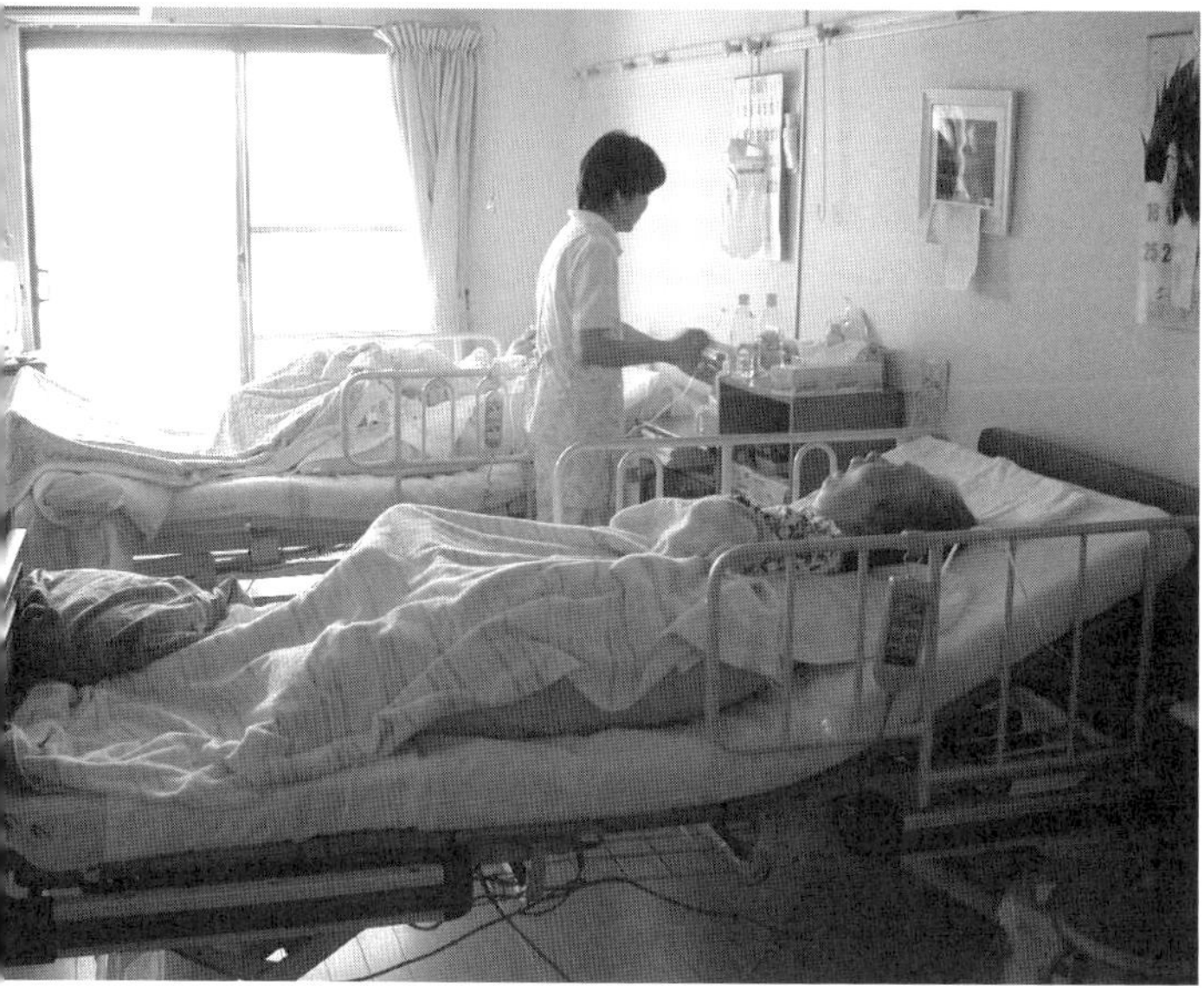

看護の夢を育みながら

しらじらと夜が明け、またホームの中を一巡する。変化がないことに安堵し朝を迎える。この仕事が嫌になったことも、やめようと思ったこともない。きっと一生この仕事と向きあい、よりよい内容を目指して模索していくのだろう。

同じ人生ならば、自分流のやりたい方法で納得できる看護がしたかった。でも一人ではできない。資金も必要だ。自分で言うのもおかしいが、よく働いてきた。ほとんど寝ないで2、3ヵ所の病院で仕事をした。今思えば、その間に看護への力を与えられたよ

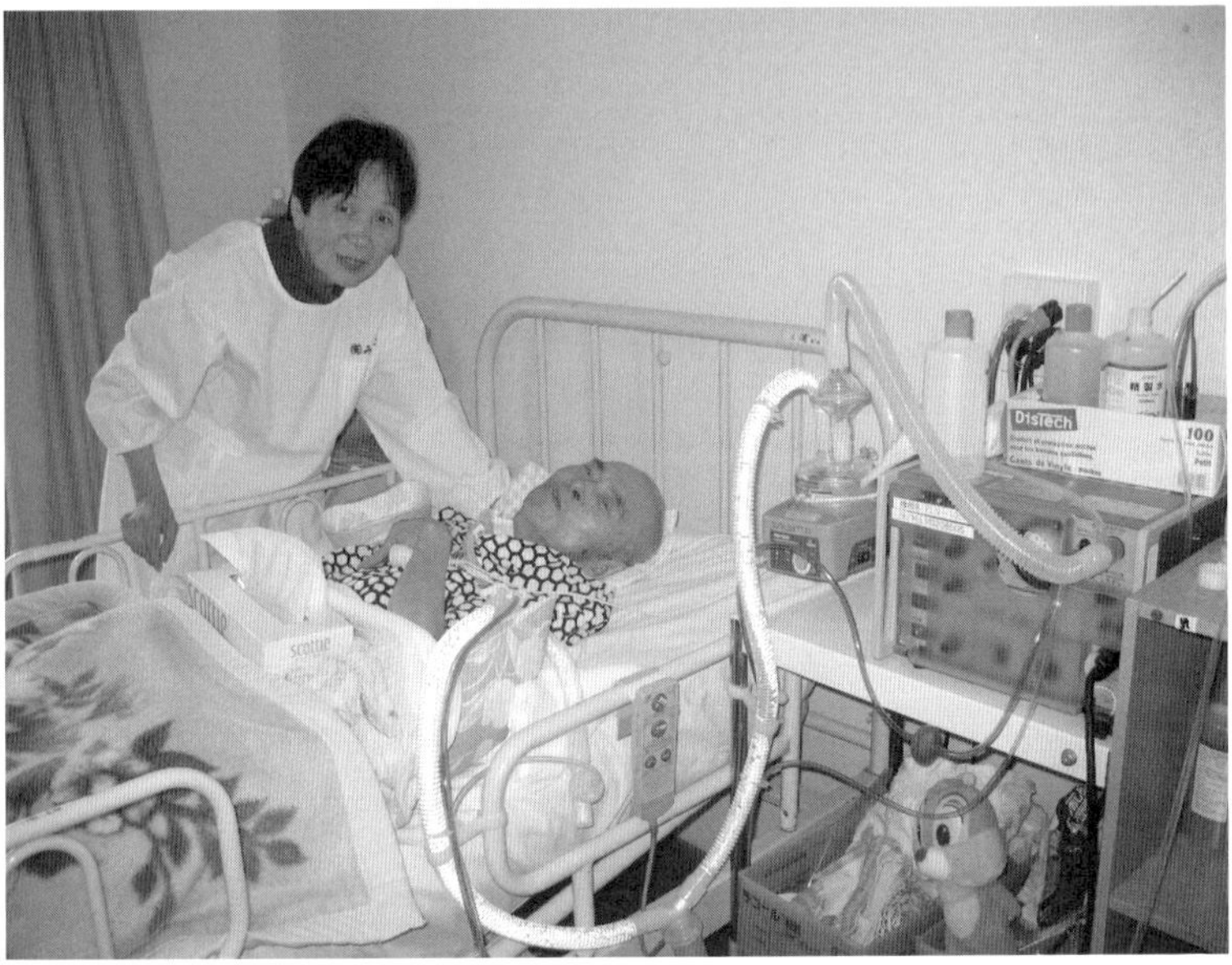

うに思う。
介護保険制度が始まってから6年、みんなのお金が在宅介護に使われているけれど、本当にそれだけでよいのだろうか。もう、20年以上も前から、3ヵ月すると次の行き先を探さなければならない方たちが大勢いる。特別養護老人ホームへ入れる方はまだ良い方で、年齢制限や所得で振り分けられ、順番待ちとなる。一生懸命頑張った方々が、病院を退院させられたときに安心して行ける施設が世の中にたくさんできなければいけないのではないだろうか。気管切開や胃・腸瘻、院

内感染といった重症な患者は在宅の対象ではないと思う。70歳の人が90歳の人の痰を夜間ずっと取っていたり、呼吸器の人の世話をするというようなことだったら、医療なんか要らない。認知症の人も家庭ではなかなか看きれない。そんな大変な人を看る中間的な施設が絶対にあるべきだ。

そんな思いで立ち上げ、介護する側が困難な中でも楽しみながら続けてきた「みのりホーム」の8年目の実践を、多くの方々に知っていただきたい。

看護への目覚め

私は富山県魚津市で生まれた。山があり、川が流れ、海の見える街だ。魚が捕れて、埋没林まである。埋没林というのは海の中に何千年も枯れずに育った林のことで、それを引き上げ保存して見せてくれる。雪が降って、本当に田舎だ。

私は父が48歳、母が42歳のときの子で、8人きょうだいの末っ子である。父は農協に勤めていたが、私が高校受験というときにはもう退職だった。魚津中学、高校とトップの成績にいたすぐ上の姉は、大学受験をあきらめきれず、毎日ふとんの中で泣いていた。高校の先生も来て「東京の大学に」と言うが、父の答えは「女は大学に行かなくていい」だった。

それでは私が就職して働こうと思った。そのとき、「明日看護学校の試験があるから行って来い」と担任の先生に言われた。「おまえは人の世話をするのが好きだから」と。まあお茶目だったのだろう。自分が高校に行かなければ姉が進学できるかも知れないと思った。受験日がせまっていたので、急いで手続きをして受け、看護への一歩を踏み出すことになった。

看護学校は富山市の先だった。国立古里准看護学院といって、国立療養所で結核患者が入っているところに併設されている学校だ。婦負郡婦中町という、おわら節で有名な八尾の手前にある。家からは電車とバスで1時間半ぐらいかかる。寮があって、2年間食費も授業料も取られないからお金がかからない。あとは小遣いだけで、当時は千円もあれば間に合った。10円でおいしいパンが買えた時代だった。

両親の病気

私の小・中学校時代、母は末期の子宮癌で入退院を繰り返していた。自分で這いつくばってトイレに行き、おむつをあてられていた母を、多感なころに見てきた。父、姉、私とで世話をした。

だんだんやせ細っていく母。食べることもできず、ゲーゲーしている母。布おむつをあて、汚れると人を呼んでいる母。遊びたい盛りに母の世話をさせられた。子ども心につまらないなあと思う気持ちと同時に、あわれでたまらなかった。最後は富山市の中央病院に入院した。私は母親に会いたくて、一人でよく見舞いに出掛けた。このころ、看護師さんは痛いのを助けるいい仕事だなというのはあったと思う。白衣は素敵で憧れてもいた。しかし私が看護学校に入る前に、母はもう亡くなっていた。

1年生になり少し看護に対する知識が分かりかけたころ、自宅に帰ると父が夜中に咳をし、ビッショリ寝汗をかき、黄色い痰をティッシュに取っていた。もしかしたら結核かもしれないと思いつつ、

「父さん、一度診てもらった方がいいよ。私の学校は胸のことなら専門だよ」と言ったのである。

数日後、手術室見学があり先生の後をついていくと、父に似た人が外来に来ている。前を通り過ぎると、やはり父だった。

「なんでこんなところに来ているのよ」と、恥ずかしさと周囲に同級生がいることで、やさしく声をかけられなかった。

「やっぱり調子が悪いんだよ」

「そんで」

「おまえが言っていた通り、結核だとよ」

「しょうがないよ。入院するしかないよ」

父は開放病棟、私は看護学生で同じ敷地内にある寮生。父は農協を退職後、自営で豆腐屋を始めて私たちのためにずっと働いていた。うしろ姿が小さく見え、父がどこかかわいそうに思えた。そうして病棟と学校、寮との行き来が始まった。

うどんが好きな父のため、小鍋に卵を入れた煮うどんを、病棟の入口まで来てもらって手渡したことを覚えている。洗濯物など取りに行くと、父は父で、「あの看護師さんは注射がうまいぞ。ちっとも痛くないからついて歩け」と、病気をしていても、私が少しでもいろんなことができるようアドバイスをしてくれた。そのころ抗結核剤の筋肉注射が多く使われていたが、かなり痛いらしく、患者さんは左右代わる代わるにお尻に注射をしていた。看護へのあゆみは父と一緒に始まったのだった。

私は二男六女の六番目であり、私の名前を父は六子でむつこと申請に行った所、役所で戦後すぐのため、漢数字を名前にできないと言われた。とっさに父が考えた当て字の夢都子（むつこ）をとても気に入っている。

一度は挫折した正看に

私の学校は療養所というだけあり、小高い山の上にあった。雪が降ると自分たちで通る道をつくることもある。2年生になり外部実習があり、いろんなことの基礎実習に入っていった。試験になると9時の消灯時間以後は寝たふりをして、廊下の明かりだけを頼りにメモや本を見て暗記したものだった。

もう看護師が足りない時代で、卒業間近になると東京の病院から事務長さんが看護学

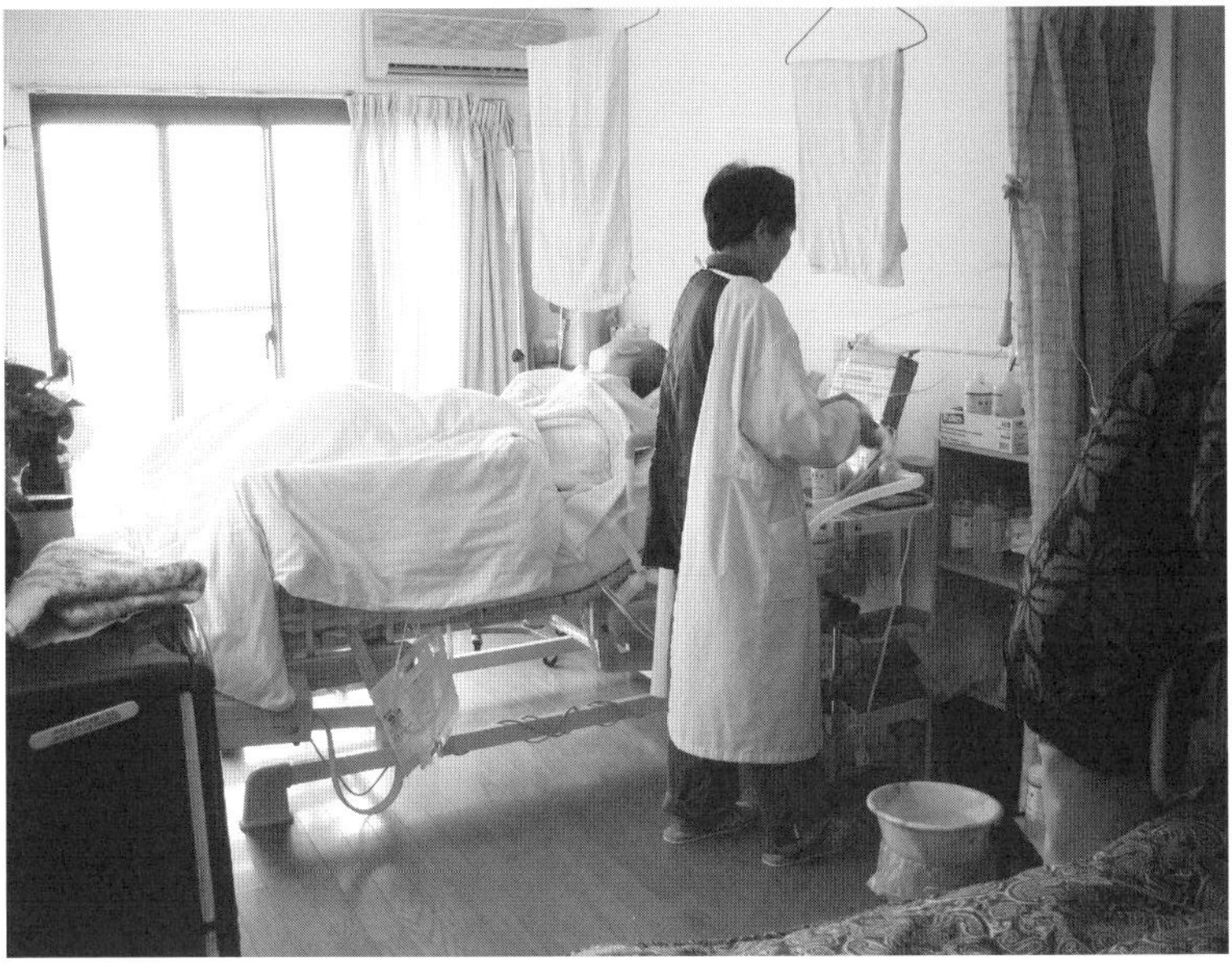

生の募集のためにパンフレットを配り説明に来た。私は姉たちが千葉県柏市と東京の足立区にいたため、東京歯科大市川病院へ就職し、看護職としてスタートした。昭和43年のことで、そこは総合病院でまだ結核病棟があった。

准看護学生のころは雄峰高校という通信制の高校生でもあって、火曜日はスクーリングの日。高校の先生方が勉強を教えに来てくれた。2年を終了していたので、今度は千葉東高校の転入試験を受けて3年に編入した。そのあと2年、夏期講座、日曜日スクーリングに出席し高校を卒業した。

卒業と同時に正看の学校を受験し1年半勉強したが、看護師を一生やる気にはなれず、通学にも1時間半はかかり、一度は挫折した。それから結婚、育児。10年後に日赤で働くことがあったが、そのころになると准看は低いレベルに見られて、ひどい扱いを受けた。正看と同じ仕事内容なのに、給料も安く召使いのように上司に怒鳴られ、仕事をさせられたのである。

この仕事を一生するにはやはり正看の資格を取らなければと思い、再度受験した。昼間は日赤の献血車に乗って仕事をし、子どもを育てながら夜は葛飾区の医師会がやっていた看護師学校に3年通った。学校から帰ると次の日の夕食を用意し、献血車にドナーが来ないと下の方に本を置いて勉強した。

そのうえ、日曜、祭日は国府台にあるI病院に小さな子を連れていき、入院患者、外来救急の対応をした。私が患者さんのところに行っている間は、炊事や掃除のおばさんたちが子どもたちの面倒を見てくれた。学校が始まり1ヵ月が過ぎると36分の1が終わったんだ、2ヵ月が過ぎると18分の1が終わった、もう少しだ、と自分に言い聞かせていた。やはり育児、仕事、勉強と大変だった。

国府台の病院では先生に信頼され、いろいろと教えていただき、周囲の方からも医療の真髄を感じ取っていった。仕事をまかされていたから、外来患者にいろんな処置をしながら看護力を与えていただいたように思う。体は鍛えられたし、いのちを守るということはどういうことかということも、必然的に仕込まれていった。

お正月、お盆には先生方が海外旅行に出掛けるため、泊まりがけで留守をした。外来患者さんの電話の対応、応急処置、困っている人へは他の医院、病院に依頼するなど、百人ぐらいのカルテを扱っていた。正看になっても私は主婦におさまらず、育児、看護の仕事を同時進行させていたのだった。

患者さんの言葉に衝撃

その後K病院に移った。そのころから、こういうホームをやりたいと言っていた。夢だったから。重症の患者さんを3ヵ月で退院させるのはおかしい、モノではないのだから、安心して住める共同生活センターをつくりたい、と。やっぱり人生一生懸命頑張ってきた人たちに、もっといい最期を送らせてあげたいという思いが強かった。

時折、認知症の患者さんがパッと正気になるときがある。そういうときに、「中途半端な親切はやらない方がいい」と言われたことがある。もと高校の校長先生で、アルツハイマーのため認知症で入院していた人だった。

そのとき、これは凄いなと思った。これだけ頭のいい人を看ていくということは、自分もそれだけ勉強しなければ看れないんだと。そういう人の気持ちが分かる人間にならなければ、と。

その言葉を分析してみると、中途半端ということは、優しいなら優しさに徹しろということだった。私自身、そのことがよく分かった。ちょっと声をかけて、「おばあちゃん、だいじょうぶ？」なんて流す言葉がある。「こんにちは」っていうのと同じだ。そういう気持ちじゃだめなんだと思った。人に対して本当に大丈夫かというとき、心があって話す言葉はどれだけ人を温かくするかということを私はその人に教えられた。

私は「おじいちゃん、だいじょうぶ、危ないよ」って通りすがって言っていたのではないだろうか。忙しいから、次の目的があるから、点滴を持ちながら、その人を横目で見ながら、「転ばないでね」などと言いながら行くけど、そういうときに「へたな親切言うんならやめろ」って言われたわけだった。人に心がないということは認知症の人にも分かったんだ、私は今まで随分間抜けな仕事をしてきたんだなあと思った。もっと病める人の心が読めたら、これはすごいなと痛感した。それからは仕事をするとき、その人の目線と視線に立って仕事をすることを常に考えて動くようになった。

心理学を学ぶ

それから明星大学心理学科（通信制）で児童心理学や老人心理学を学び始めた。ふだん6ヵ月ぐらい何も休暇を取らずに働いて、夏期休暇を1ヵ月間取りスクーリングにいって単位を取る。ところがそういう勉強は実際には必ずしも役に立たないということが、今度は分かった。結局3年ぐらいで中退してしまったが、とにかくトライしたことと、そこでいろんな人に出会えたということが私にものすごく大きなものを与えてくれた。

全然違う現場にいる人、たとえば教育者として働いていて勉強したいという人に出会って話を聞いたとき、こういうところに学ぼうと思って来ている人が、きっかけは違うけど随分いることが分かった。あの学校は動物園公園前で電車を降りてから結構山を登る。年齢的に私でもきつかったけれど、年輩の人が来ていて大変なことだった。

それからは 自分がやりたいことをやるには資金がかかることが分かって、3ヵ所ぐらいで働き始めた。

訪問看護に廻る

次のT病院では、初めは病棟勤務だったが、訪問看護ステーションに配置換えになり、

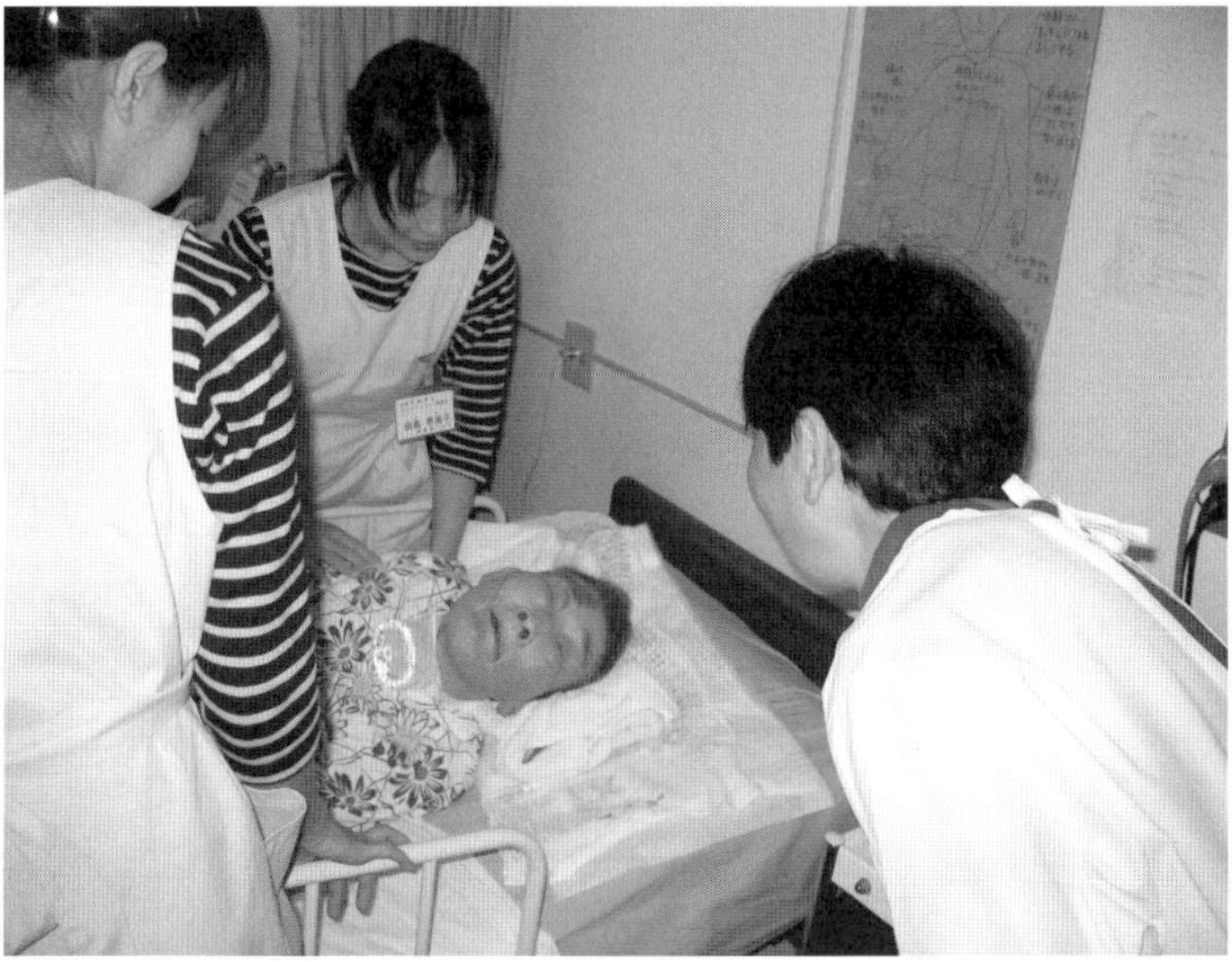

130軒ぐらいを訪問看護で廻ることになった。ひとりで訪問したり、先生と一緒に往診したり、ローテーションが組まれていて訪ねる。家族がどれだけ頑張っていても看きれない、まだ医療現場で看てあげたい人がいっぱいいいた。自分のやりたいことが見えてきた。

病院では重症の入院患者をどう自宅介護に持っていくかという職員の会議が時々されていた。今の医療制度では入院が長びくにしたがって看護料が減り、病院が赤字経営になってしまうから。

Aさんの場合、高速道路を速度を上げて走っていて電柱に激突しての頸椎損傷だった。

首から下が全く動かず、頭はクリアという状態である。口元に置いたナースコールをフッと吹けば鳴るようになっていて、看護の要求度が高かった。私がホームを立ち上げることを知った奥さんが、いのち預けるから看てくれと言った。しかし、あなたにそんなことができるはずがない、という周囲からの声があった。

そこで私は院長先生に、「私が患者を看られないと思うのなら、あなたがたが私にいろんなことを指導してください。そうすれば私は看ることができると思う。どうか教えて欲しいんです」とＰタイルの上に土下座してお願いした。「まあまあ、頭を上げなさい。あなたならできますよ。それだけの意欲と気持ちがあるならできるでしょう」と院長先生は言ってくださった。

そして、不動産の広告を見ていたら、バブルがはじけると、ひところの半額ぐらいに下がっていくのが分かった。自分でも手が届くのではないか。夢が近づいたのを感じた。銀行の融資も受けられて、ホーム開設へと道は開けていった。

第二章

● みのりホームの人々

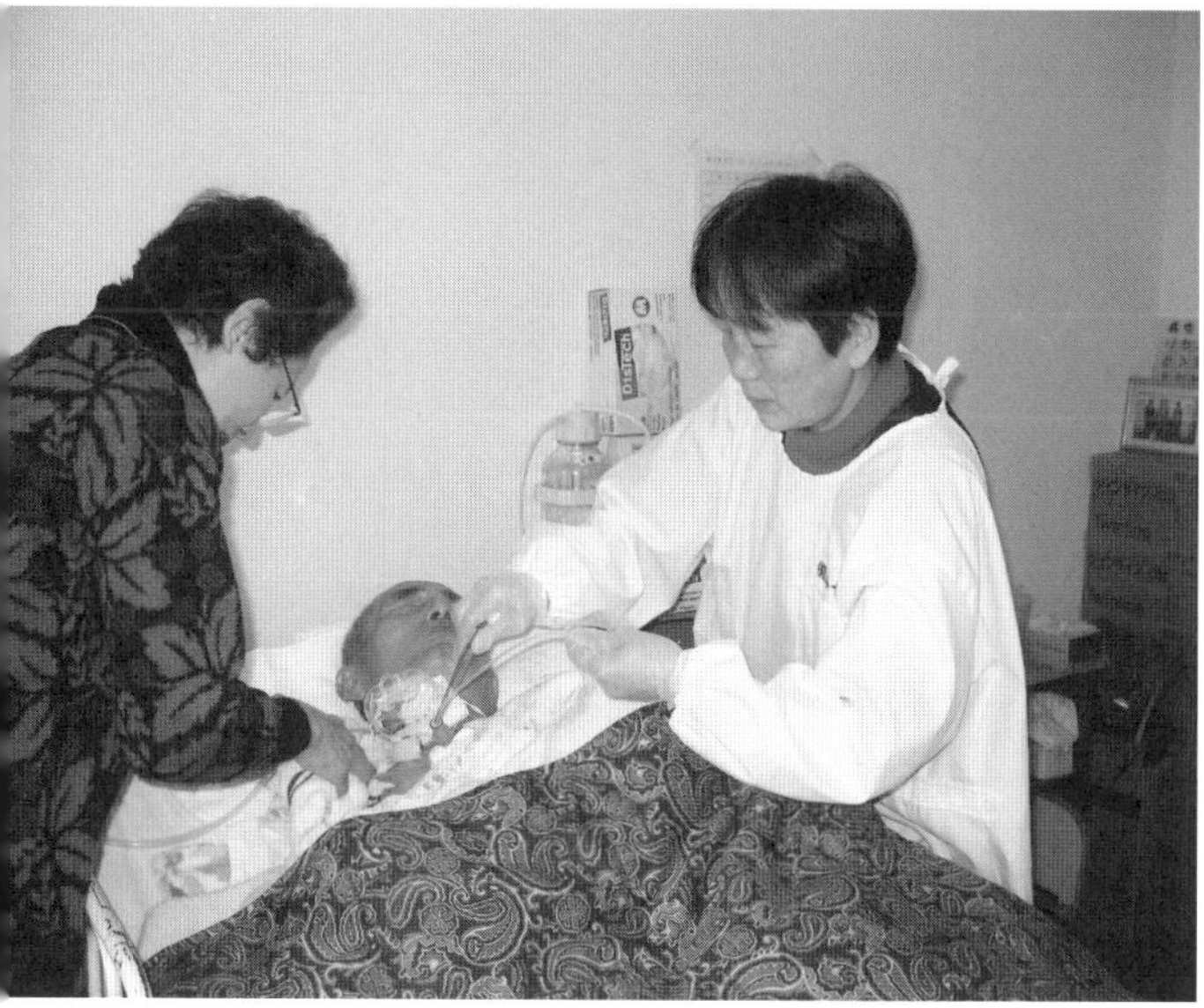

ドアを開けて一歩入れば〝家庭の雰囲気〟

私が1999年1月にみのりホームを開設して、もう7年が過ぎる。その間、本当にさまざまな患者さんがこのホームの門を開いた。そしてそれは同時に、私たちホームで働く人たちの心を開いたと言ってもいい。それくらい、私たちは患者さん一人ひとりの人生から学び、心を動かされてきた。本章では、そんな患者さんたちの生活を中心に紹介したいと思う。

＊この記録は2000年から書き続けてきたものであるため、日々患者さんの状況は変化している。

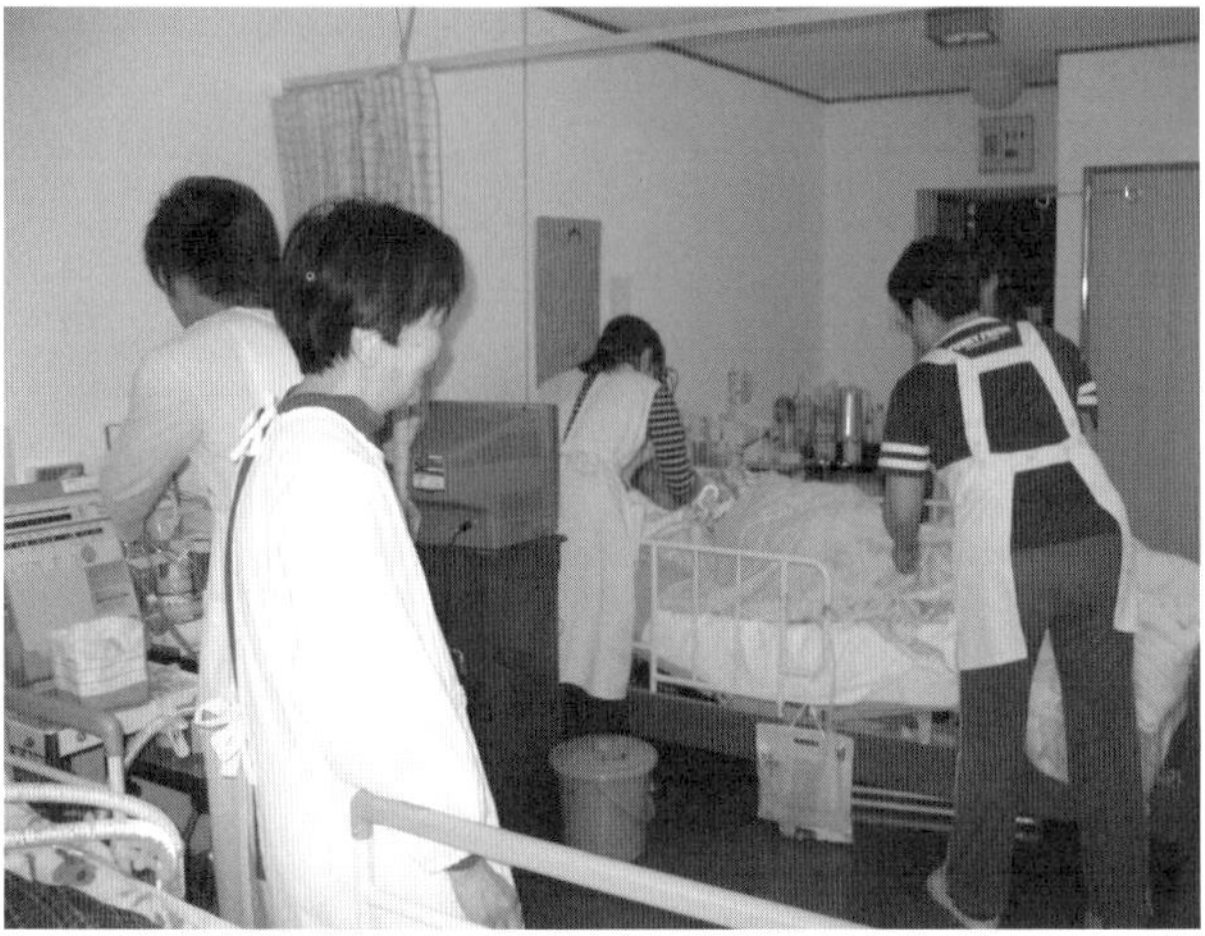

いよいよ入居者さんが

やっと入居者が4～5人となった頃、慶応で看護師をしている方のお母さんを看て欲しいという人も来た。脊髄狭窄症とリウマチがあり、両手はかなり変形があって不自由。立位、体動は自力できず、入所された。しばらくするとお姉さんも入所、1階と2階の部屋なので杖をついて、介助で時折階下に降りて来て、楽しそうに会話されていた。スタッフもだんだん増え、活気あるホームとなっていった。

もともとが、会社の寮だったので、使い勝手の不便なことも多々あった。浴室は健康な人達が入れる9名位の大きな浴槽で、セメントにタイルで深さもあり、急遽介護浴槽を買った。これが1台100万円以上もするのだが、展示品を80万円位まで安くしてもらって購入し、足を伸ばして寝ながら入れるようになった。

エレベータがなくて

しかし2階の患者さんで足の不自由な方は、階段近くまで車椅子で来てから、その後はおんぶし抱き上げて1階へ行かなければならない。そして1階で再度、車椅子に乗せ、浴室へ向かう。雨が降ると吹き付けるため、風邪をひかないよう注意した。本当にみんなよくやってくれた。

開設当初は私も現場でかなり働いた。ナースが少なく、吸引が必要な入居者もいたので、他のナース2人（常勤ナース）とバイトナースを振り分けて勤務表を作り、私自身、かなりの夜勤をしていた。お金もなかったし、まだ人に任せきれない気持ちもあった。人もなかなか来てくれなかった。そして何といっても人件費や経費（ベッド、車椅子など）に1年間で1千万円をつぎ込んでいったのだ。

骨折だらけのSさん

70歳を超えていたSさんは、交差点で車同士で衝突事故を起こして、26ヵ所骨折した人だった。骨折したところをそのまま固めてあるから、自宅でと言われてもとても看ることのできる状態ではなかった。骨も手足が曲がったようになっていた。これ以上なにかあって折れたら大変なことになるから、工夫して枕で痛くないようにした。おならが出るように太い管を入れ、ガス抜きもした。便が出るように下剤をかけ横向きにしてというケアも、夜中12時ごろまで夜勤でやった。

退院後は自宅で長男のお嫁さんが看ていたが、妊娠していて、産まれた子どもには障害があった。私も何回も家に訪問看護で行ったりボランティアで行ったりしていたが、家族はあまりに大変過ぎた。私がみのりホームを始めると、お世話になりたいということで預かることになった。

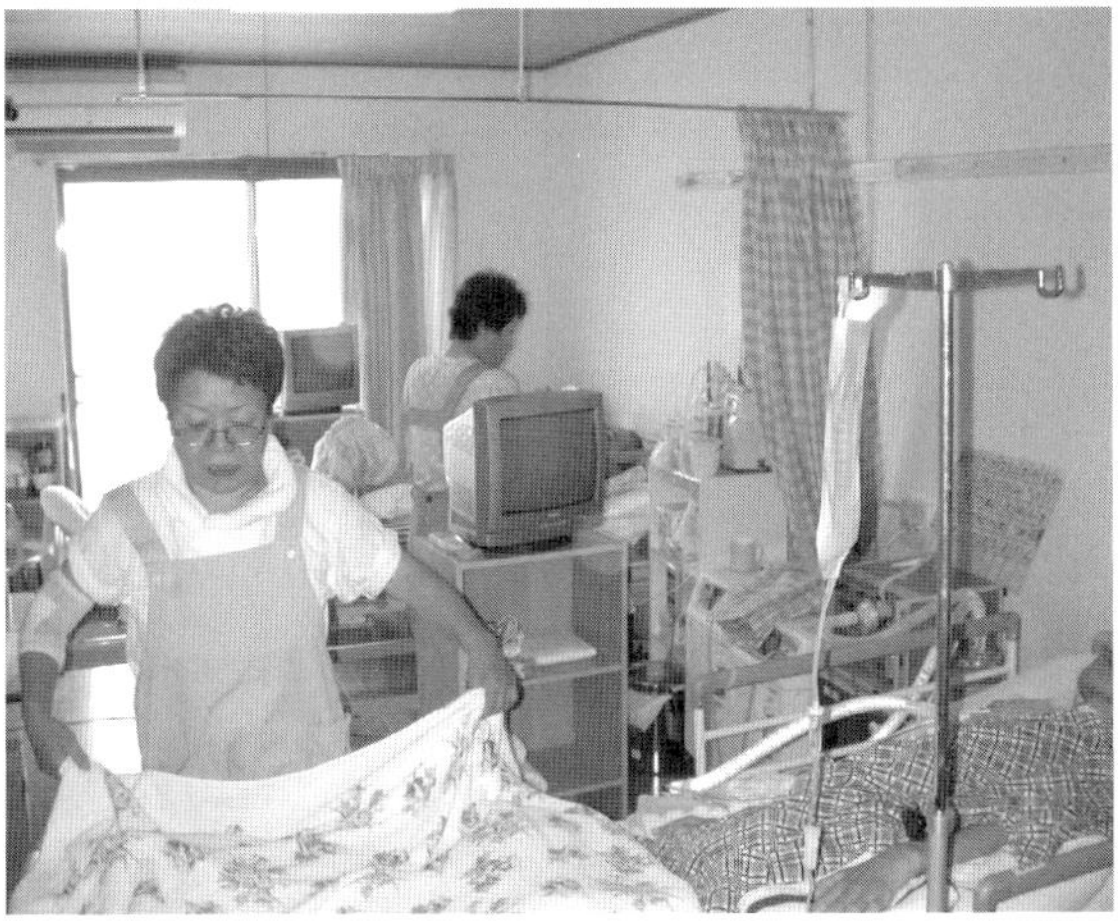

Sさんはまだ胃瘻を造っていなかった。入所した日、経管食を口から飲む。そうすると飲んだものが気切から出てくる。ということは、肺にも入っている可能性が考えられるということだ。いくらカフを膨らましてもだめだった。病院にも本人にも聞いたが、これまでいつもそうだったという。そんなに怖いことを家族にやれというのはもちろん間違っている。そこでベットの角度などを工夫して、なんとか出ない方法を考えた。本人にも、飲み込むときゆっくりじゃなくてゴクンゴクンと飲むように指導した。糖尿病も患っていたので、朝晩血糖値のチェックもし、その値により何単位と指示されていたインシュリンを打っていた。だ

からケアは大変だった。

ホームを始めたときは介護保険が始まる前で、こうした大変な患者さんが4人入所していた。Sさんは介護保険が始まる前の晩に息を引きとった。

テレビ放映の反響

その頃、新しい看護施設として注目され、TV放送や雑誌、看護協会講演会へと出ることも多くなった。

東京テレビが「看護師さんが立ち上げた介護施設」ということで取り上げてくれて、放映されたのは、介護保険が発足する少し前だった。それを見てたくさんの反響が寄せられた。2時間かけて病院に通っているけれど人を看るような現場ではないとか、自分が働いている職場の人がテレビを見て問い合わせるように教えてくれたというように、患者さんがだんだん増えていき、結局12人になった。まだ介護保険がなかった最初の一年は、介護料が12万円ほどで、その他の費用も含めて患者の負担は18万円ほどになった。

それでも喜んでいただいた。

介護保険が始まるときには、どのようにしたら制度が適用になるかを県に相談に行った。介護保険準備課の指導で、有限会社みやこホームヘルプ事業所を設立し、訪問介護・訪問看護の居宅サービス事業者として埼玉県から指定を受けた。その結果、入居者は一人ひとりがアパートに住む在宅の形にして、同事業所のサービスを受けるシステムにした。患者さんは保険の介護料が1割負担なので費用が安くなり、経営も軌道に乗せることができた。

疥癬さわぎ

Mさんは皮膚の色が悪くて、入所のとき疥癬が疑われた。病院では、何度もそのことを心配して話していたが、疥癬ではないと言われて入所し、仕事をしていた。しかし潜伏期があり、1ヵ月ぐらいしたらやはり疥癬だった。本人は「ここで死なせてほしいから病院には行きたくない」という。毎日ムトウハップを入れたお風呂に入浴させた。

従業員も入居者も半分ぐらい疥癬がうつってしまった。全員をお風呂に入れて、一人終わるたびに水を取り替えていたら、2ヵ月の水道代に20万円かかった。キッチンハイターとかワイドハイターとかも、量的にたくさん使う。着たものもひと晩漬け込んで、洗濯にも使う。病院から来た人は全員そのようにしていた。

その結果ムトウハップで治るという自信ができた。ガウンテクニックをして、手を消毒するウエルパスを使う。1階はそういう人の集まりだった。2階は院内感染もないし、一人部屋だからだれに移ることもない。

近くに江戸川が流れていて、夏の朝は窓を開けると湿気をもらうから吸入しなくてもすむ。2ヵ月ぐらいでMRSAも全員マイナスになった。毎日ベッドも床も全部アルコール消毒していた。そういう使い捨てのものにかなりのお金がかかり、そのときはこんな状態では財政的に行き詰まらないかという危機感をもったものだった。

その後松戸の方とか、家の子どもの友だちの親が紹介しておじいさんを連れてきたりした。みんな脳梗塞とか動けない人ばっかりで、てんかん発作があったりした。胃瘻をつくるとか、熱が2、3日下がらないとかで病院にちょっと行ってもらおうとすると、患者さんにはすぐ分かる。手も動かない、やっと指が少し動く人がシーツを持って、「ここを動かすな」と言うのだった。救急車が来たとき、3人が3人とも「ここで死なせてください」という。息が事切れるくらいなのに。近くの病院に送るときに、「ベッドを取っておくから、いつでも帰ってきていいんですよ」と言ったのだけれど、結局はだれも帰って来られなかった。

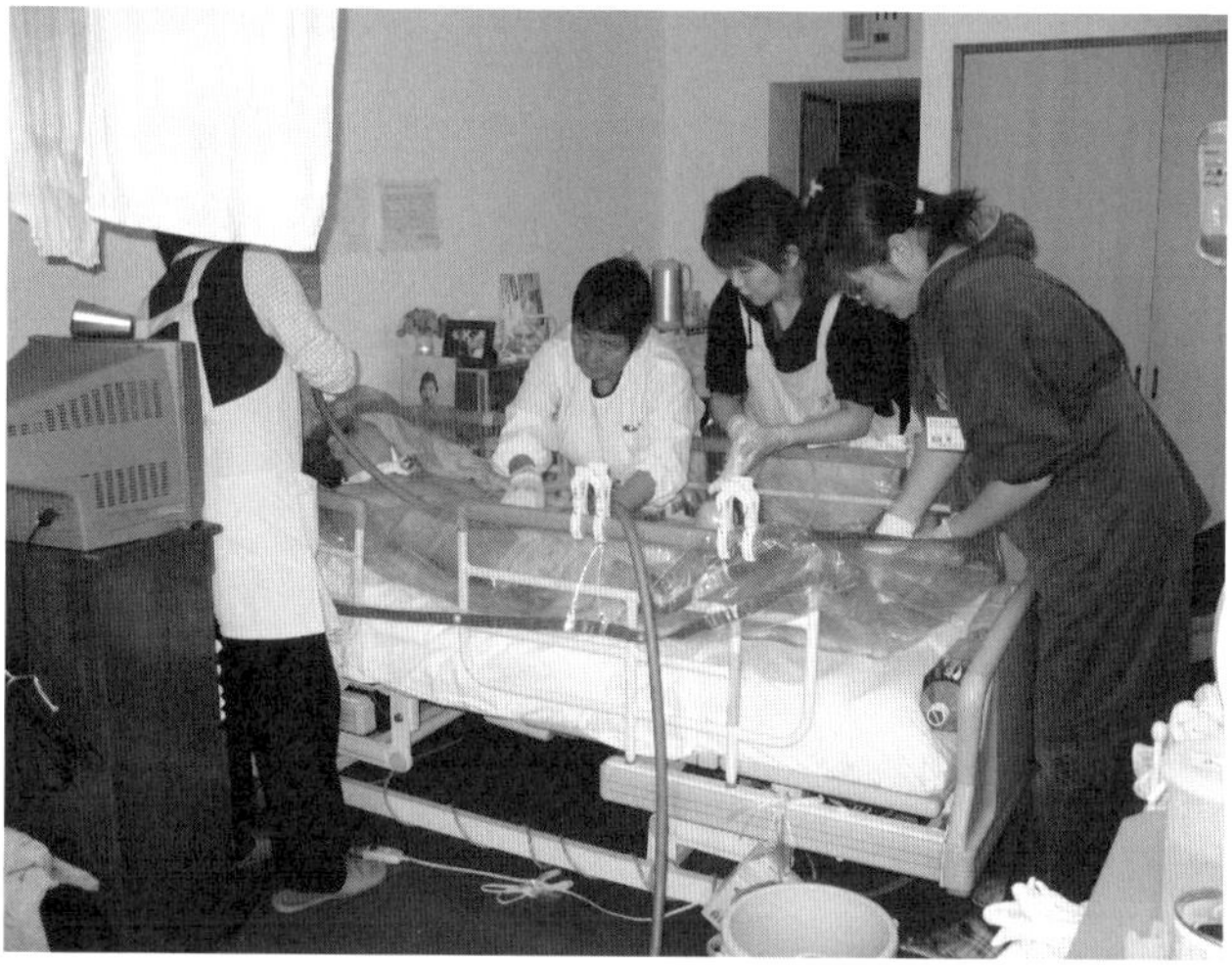

入浴の工夫

介護保険が始まる少し前までは、入浴もポータブルバスを使っていた。でも頸椎損傷の人は首が痛くて、入れている間、首の位置をいろいろ考えるのに大変だった。

その後、訪問看護先で教えてもらっていたやり方のビニール浴にした。厚いビニールをベッドの下に敷き、まわりの柵に洗濯ばさみで止めてプールのようにする。頭の方を上げられるし、気切に水が入る心配がない。そこにシャワーを引っ張ってきてお湯を張り、排水ポンプを使って外に出す。ただビニールを洗って干すとき1、2ヵ月に1回ぐらいどこかをひっかけて切ってしまう。ビニールハウスのシートよりちょっと厚いので、1枚3千5百円はする。モーターもいいものだと5千円で消耗品である。最後は桶で汲み取ってタオルで吸い取るしかない。1人入れるのに4人がかりで小一時間かかる。ヘルパーさんもいい人が集まってきていた。

重症患者のケア

初めのころ、看護師が私も含めて4名いた。患者の人数も少なかったから濃厚なケアが始まっていった。ほとんど付きっきりに近い状態だった。朝は病院と同じように、口腔ケアから始まり、体を全部チェックして寝巻き着替える。陰部洗浄して体位交換をする。お昼を過ぎると、また2時間おきに向きを変え、胃瘻、腸瘻から食事を入れる。1時ごろになるとベッドを半分ぐらいダウンする。2時になると、またおむつを替えてベッドを平らにしてあげて、また向きを変えてあげてというのが毎日の繰り返しである。2、3時間おきに夜も昼も通しで行う。

それから2、3時間おきの吸引。痰が絡んだときは、ボイスコールといって口元にストローがあり、それを吹くとキンコーンと鳴る。音が聞こえると、行って吸引する。夜は時間が決まっているからどの人もほとんど問題はない(その人に合った時間に訪室もする)。

まだ介護保険が始まっていなかったから先に述べたように、費用がかかって申し訳ないと思ったが、こんなにきちんとやってくれるところはない、病院に行くよりもありがたいと思っていると、みんなが言ってくださった。立ち上がりはそのようにして始まっていった。

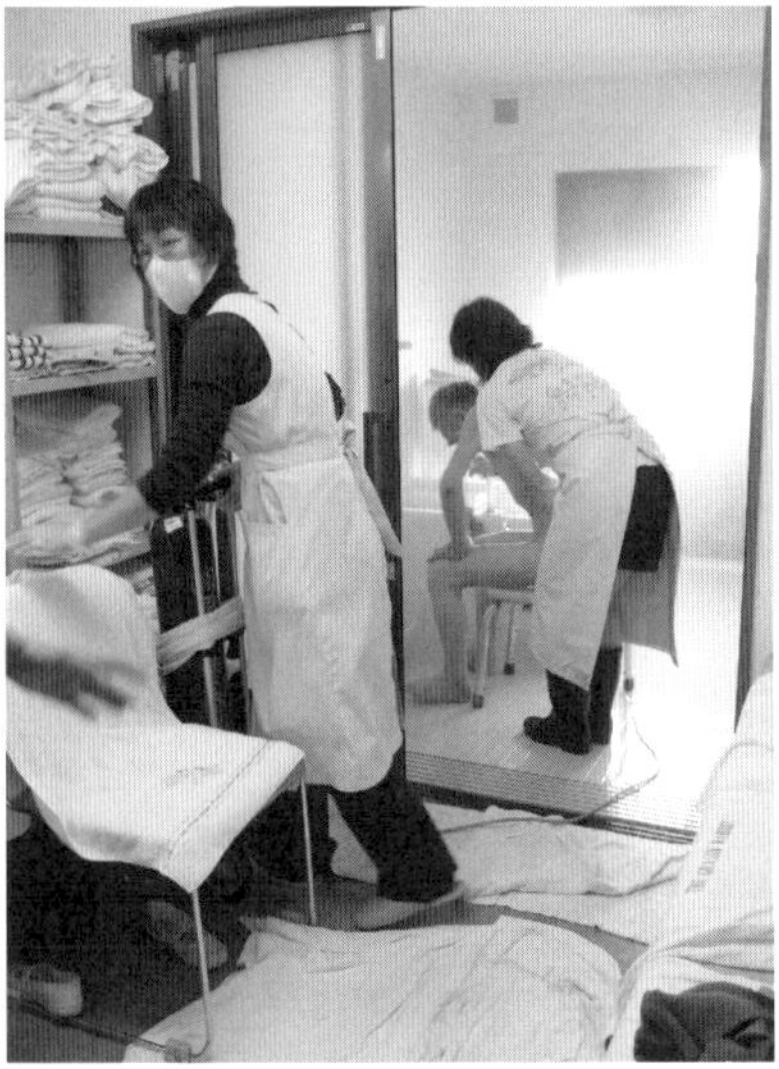

そのうちヘルパーさんが夜勤ができるようになり、2階にいる認知症の患者さんをみんなで看てくれるようになった。下の患者さんは常勤の看護師さんがたまに夜勤をしてくれ

ると、私も息を抜いたりしながら、ここまでやってきた。もっとも最初の一年は人件費や支払いにかかり赤字だった。

認知症と排泄トレーニング

2階には認知症の人を入れた。認知症患者は、まず排泄の訓練に明け暮れる。便が出ると、いじらなければいいのだが、多少なり気持ち悪いというのがあるのか、いじってしまう。だから手も便だらけ。最初のうちはどの人もほとんどそうだ。それをポータブルに座らせて、尿が出るようにする。どうしてもできない人はリハビリパンツに尿とりパットをつけて尿をとればいいのだけど、そのパットをちぎって遊んでしまう。尿とりパットはなかに化学繊維が入っていて、床に着くと固まって糊みたいになる。ペタペタでだまになり、それを拭き取るのが大変である。夜中は見回りが2時間おきになるから、5分か10分遅れただけで、シーツからなにから便で汚れる。スリッパでも靴下でもベタベタさせて遊ぶし、うっかりすると壁紙もはがす。

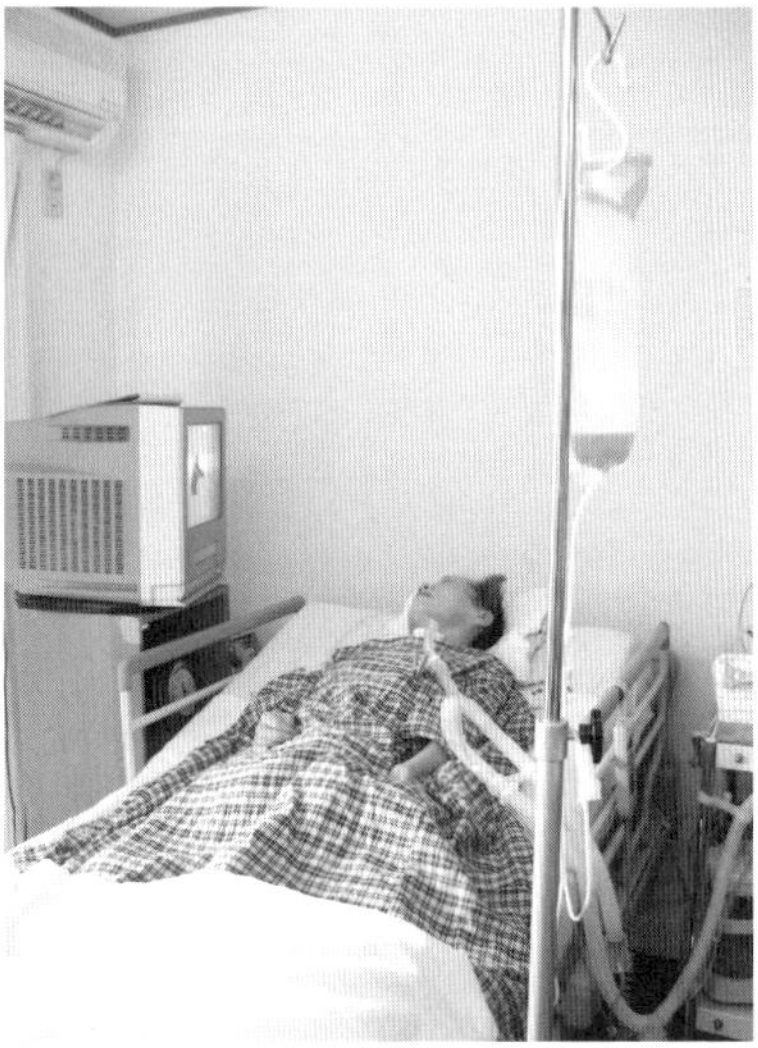

昼間はほとんど1階に連れてきて、みんなで遊んだりするのだが、ヘルパーさんの休憩時間が1時間ぐらいあるので部屋に入れると、椅子をドンドンやったり、コンセントをはずしたりと、いろいろあった。慣れるまではほとんど付ききりである。そのうち戸やドアを叩いたりサインを送ってくれるようになり、トイレだなというのが分かる。何回も何回もすることで、大体おしっこが分かるようになる。そこまでくるのに3ヵ月から6ヵ月はかかる。トイレに鍵をかけられ、変な音がしたら、便を食べていることもあった。配管口に便をしたり、穴があればどこにしてもいいという感覚である。

それが市役所で調べにきても、介護度は3である。夜中に認知症の人を看たうえ、重症の人を看ることもある。便だらけになったときには部屋のお掃除だけで1時間以上かかる。衣類など捨ててしまいたいぐらい汚れているが、そうもいかないから全部手袋して洗う。消毒液に浸けてそれから洗濯機で水洗いして、もう1回洗うから、洗剤とか消毒液とかの消耗がはげしい。

月60万円の入院料

Tさんは結核で手術をしているから、呼吸野が狭くなっている。無気肺である（自分で呼吸できないため、呼吸器をつけている）。12年間寝たきりで、あちこちの病院を転々としてきた。前のところを退院するように言われたとき、ケースワーカーが紹介してくれた呼吸器専門の病院は、ここから2、3時間かかる千葉の田舎なのだが、月に60万円かかると言われたという。「貯金があるでしょう」と言われたそうだが、「3ヵ月とか5ヵ月とか分かっているならともかく、この先何年かかるか分からないのに」と。これまで自宅で看たこともあったが、「もう、夜中に痰をとったりできない」と家族（本人は独身なので姪子さん夫婦がみている）は言う。いろんな家庭があり、みんな頑張っ

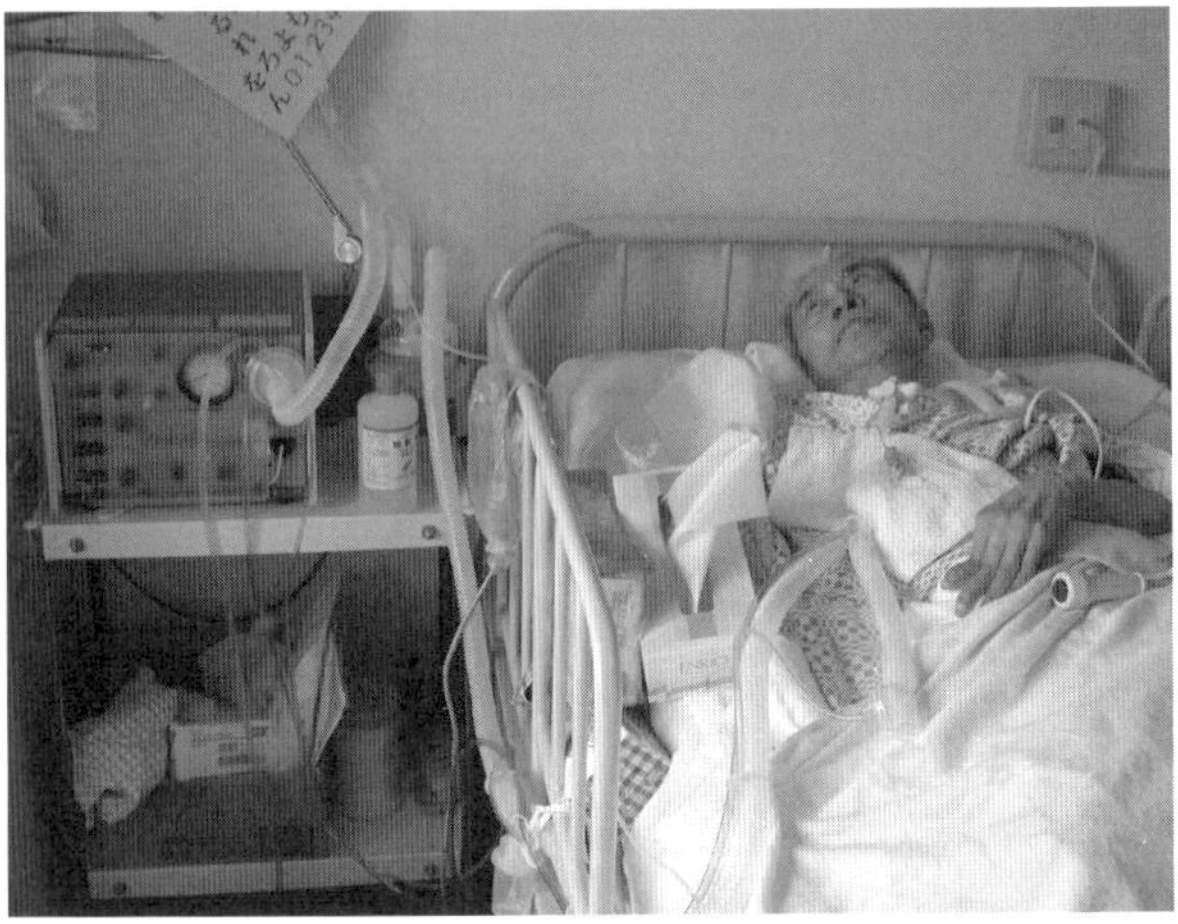

ているんだなあと思う。

この呼吸器の患者さんを看ることで全スタッフはたくさんの力をつけることができた。初めは、呼吸器から本人の所へつながっているジャバラ（ホース）にニクロ線のようなものが入り、自由に曲がるそのジャバラに亀裂（破れ）が入ると思わないものだから患者さんに急に「苦しい」と言われても今まで普通にしていてどうして？と思いドクターコールをしたこともあった。

その後は、亀裂がないかを両手で空気漏れの部分を見つけたりできるようになった。しかしジャバラは使い捨ての時代なのでアストラップ（加湿している水分がたまる場所）も上手にはまっていなく、患者さんの顔色が紫色（チアノーゼ）になり、慌ててドクターコール。救急車を呼んだりと、ここまで来るにはいろんなトラブルにもすぐ気づけず、慌ててしまうことも多々あった。

難病の人との出会い

もう20年前に一緒に働いたナースで、私の上司だった主任さんからの問い合わせで難病の方々を看るようになった。それまでも何人かの人は看ていたが、今程の人数ではなく、パーキンソン病や脊髄小脳変性症でも歩行が介助で何とかできる方々だった。

彼女の紹介でＡＬＳの患者を見始めたとき、「こんなに大変な人達を家で看ているんだ。私たちが看ないでなんなんだろう」と強く思った。家族が看ていても先の見えない患者さんと（どんどん進行していく）一緒に向き合い、頑張っているんだなーと知った。そして、私の頑張りはなんだったんだろう、家族にできることを私たちプロができないではいけない、と思い始めた。

今までの経験実践を生かした大変な人を看て行こうと決意したとき、紹介された40代の男性は尊厳死を主張する方で、その旨を封にしたためていた。入所したときは、食事も口にひと口入れてから5~6回飲み込むも完全に飲み込めず、口の中でだまになり食物が残っている。それをスプーンでかき集めノドの奥へ運んでいたとのこと。喘鳴（ゼイゼイして呼吸が苦しい）がひどくとても私のホームでは管理できないと判断し、病院へ搬送することにした。そのとき、「ノドを切ってもズーっとここで看てくれますか？それなら気切してまたみのりホームへ来てお願いします」と言われ、すぐ救急車を手配し、入院となった。しかし、全身状態が悪かったのか、最初に延命処置しないと言っていたためか、病院では何も処置されずに2週間程過ぎた日、伝の心に「何もしないなら、みのりホームへ連れて帰れ」が発信されたのだった。

やはり苦しさと、まだ小中学生の子供たちと、愛する奥さんを残しては死ぬに死ねなかったのかもしれない。とても苦しいときしか関われず、つらい思いしかさせてあげられず、一日、それも数時間しか看護できず…。私はもっとこの人のことを、病気のこと

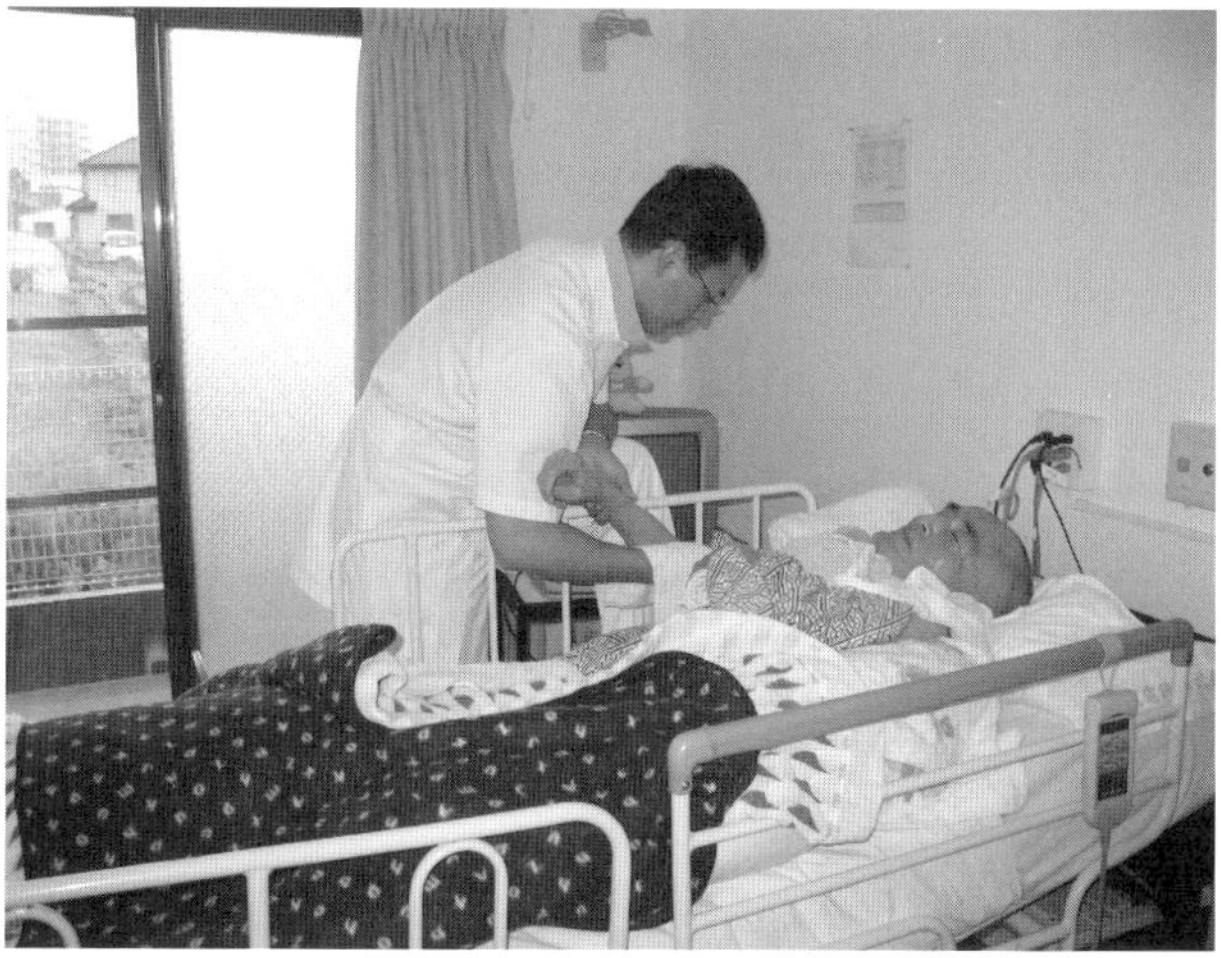

を熟知していなかったことを後悔した。

自宅へ患者さんを見に行ったときは、まだ元気だった家人が、車椅子トイレへ連れていき、移動していた。食物ももっと食べられていたとのこと。移動が思うより大変なこと。そして2週間でどんどん進んでいたことなど私自身が甘い考えだったと思い知った。その後も患者さんの紹介はあり、家人が頑張っている家庭へ患者さんを見に行き、

「あとどの位ですか？」

「私はお医者さんではないのではっきりしたことは言えませんが、とてもつらい時期で苦しいときだと思います」と答えた。

日中は酸素カヌラ。夜寝る前からはバイパップ

と言って鼻マスクをつける呼吸器。それでも少しはうっとうしさもあるだろうが、酸素濃度が上がり、苦しさは随分楽になるようである。夜間はよく眠れるとのこと。2~3日後に入所となった。

両手は少し動くが、ほとんど全介助で超ウルトラキザミ食（小さくとても細かく刻むこと）。口にする物が何かわからないときは一つひとつ説明してあげ、口へひと口ずつ運ぶ。それでも「おいしい。おいしい」とほとんどの食べ物をおいしそうに食べてくれた。排尿排泄もわかり、尿器、ポータートイレへと移動介助し、最後までポーターへ移動。3時のおやつを「おいしい」と食べられ、その30分後に永眠された。

本当に最後まで苦しさを自ら訴えることなく、頑張るってこんなことだぞ！としっかり私たちに教えて下さったような気がした。

忘れられない節ちゃんの瞳

前にも述べたように、テレビでの影響はかなりあった。まだまだホームが廻り始めたばかりの頃だったが、ナースボランティアの問い合わせも増えた。仕事先の社長さんがテレビを見ており、紹介で入居となったIさん。お兄さん夫婦が見ていて、今までの施設は費用が高く、リウマチがかなり進んだという妹の節ちゃん。

節ちゃんは、知的障害もあり、年齢より若く見え、いつも「お兄ちゃんがねー」と話してくれた。しかしその体は小さく、足も手もかなり変形拘縮していて、食事やおやつのときは車椅子へ、それ以外のときはベッド上にいることが多く、膝の曲がりも強かった。そのため、枕やバスタオルで、それ以上ひどくならないように挿入していた。細い手足は、ちょっと力が入るとポキッと折れそうなくらい。目は大きく、くるくるした瞳で、私達が訪室すると嬉しそうに笑みを見せた。おやつや食事のときは、顔を覗き込んで「お母さん、おいしそう」と言い、実際に口に運んでからも、いつも「おいしい、おいしい」と言って食べていた。食べることが一番嬉しく、楽しいようだった。この頃から私はスタッフや入居者さんに「おかあさん」と呼ばれるようになったのだ。本当は年齢から言えば、入居者さんの方がお母さんなのだが、この温かい言葉を大切にしていきたいといつも思っていた。

車椅子散歩に出掛けたり、花見やクリスマス会、食事会へ連れ出したりすることもよくあった。ヘルパーさんも、時間があると節ちゃんの部屋へおいしいものを持っていってあげたりした。やはりあの愛らしい瞳にみんな負けていたのだ。お兄さんに、しっかりしつけをされていたためか、「ありがとう」を忘れない人だった。

私がそれを言われたときは、いつも「お兄さんとお姉さんに感謝しましょうね」と言ったものだった。本人は「わかってるー」とか「はい」と素直に答える。これまでの歳月、知的レベルも遅延していたけれど、その言葉はいつもさわやかで、純粋な思いで伝わって来た。一緒に生活していた人は、大変なことがたくさんあっただろうと思う。少し時間があれば、手足のマッサージをするために訪室した。少し痛いときもあるかと思い、尋ねると、「節ちゃんがんばる！」とニコニコして答えてくれた。

ある日のこと。

夜8時、10時のオムツ交換、体交時に、「寒くない？　大丈夫？」と尋ねると、「お母

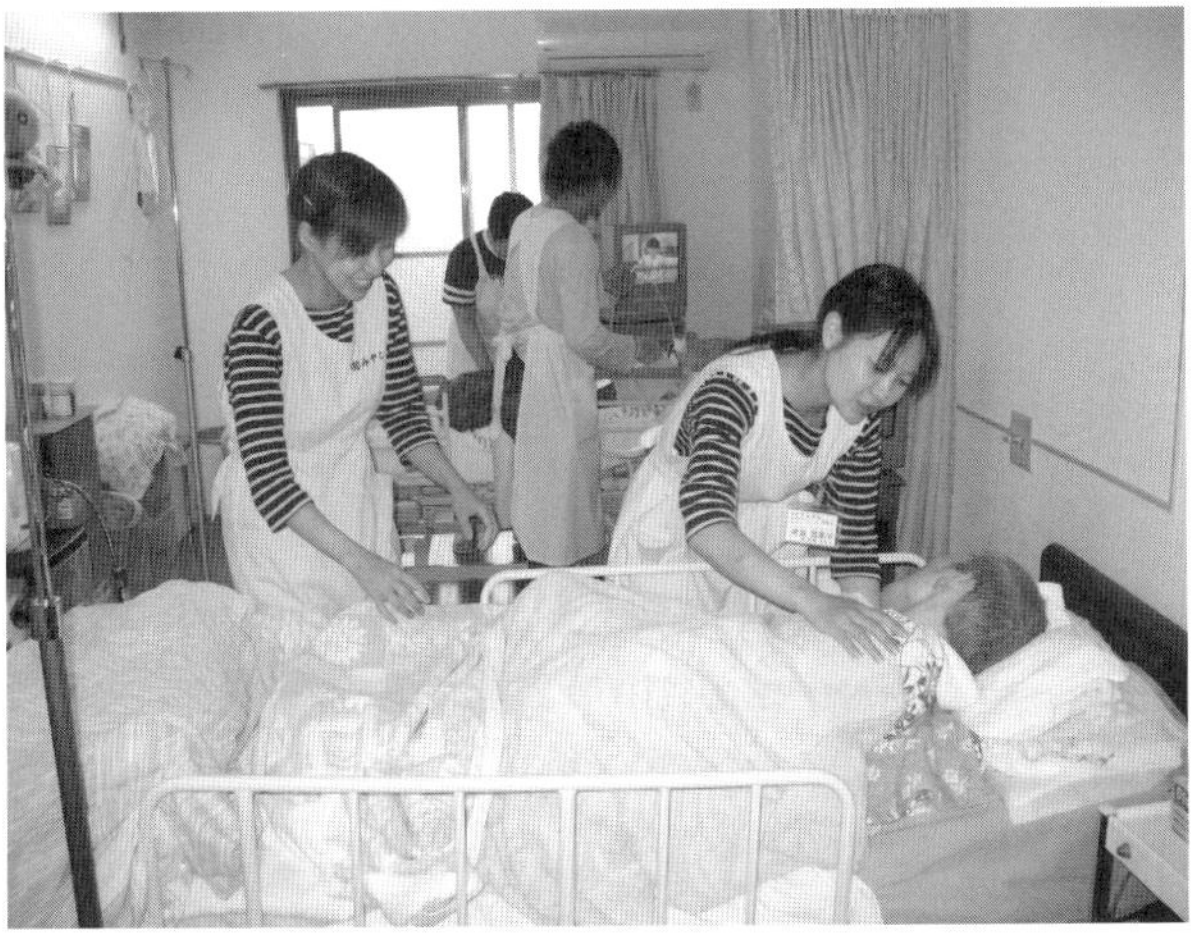

さん、大丈夫だよ」の答え。

「起こしてごめんね、今度は向こうを向くよ」

「はーい」

　そして終わると、「お母さんありがとう」

　私が「おやすみなさい」と言うと、笑ってうなずいてくれた。

　しかしドアを閉め、出て行ったその次の巡視時には、心停止をしていた。Drコールをし、心臓マッサージをしても息を吹き返すことはなかった。このときの驚きと悲しさはなかった。涙がボロボロとこぼれ落ちた。しかし何度も頭を下げているお兄さんとお姉さん（お嫁さん）を見ていると、やっとこの方々は、一つの責任を終えたのかなと思えた。

まんじゅうおじさん

その後も入居者さんは、続々と入って来た。息子の友人のお母さんの紹介で入居されたPさん。もう胃瘻が造設されており、朝昼夕の経管栄養管理だったが、時折「まんじゅう」と、か細い消え入りそうな声で欲しがるので、まんじゅうのあんこをほんのひと口、指から唇に少しつく程度の量を口元に運んであげた。「おいしい？」と尋ねると、「うん、うん」と顔を動かしてくれた。欲しいときはいつも「まんじゅう」と声を出していた。いつかもらえると思うのか、私は必ずまんじゅうを切らさないように小さなまんじゅうを常備していた。

そのPさんが急変し、救急車を呼んだら、動かない手でシーツを握り締め、離さない。「行かない、ここにおいておいて！」

救急隊員に廊下で「どうしますか？」と聞かれたが、「でもここは、死ぬところではないので」と話した。そして本人の所へ行き、「Pさん、このベッドは取っておくから、早く元気になって帰って来て！」とこぼれそうな涙を抑えて言った。

その後、Ｐさんは病院で永眠された。脳梗塞の後遺症で、車椅子には乗せてもやはり手足はかすかにしか動かず、自力体動はできない人だった。ほとんど苦しいなどと訴えることも会話をすることもなかったけれど、「まんじゅう」だけは言えた。だからみんなで「まんじゅうおじさん」と言っていたけれど、Ｐさんは何も言わなくてもきっと全部わかっていただろうと思う。救急車の方にそう話すのだから、どんなことをするときにも声かけをしながら、うなずいてくれることもあった。そんなときは「わかってくれている。嬉しいな」と思い、返事のないときは「つらいけど、一生懸命お世話するから、一緒に頑張りましょう！」「すみませんねー」などと声かけをし、オムツ交換、体位交換などをしていた。

癌だったＦさん

また、暖手ボランティアの紹介で90歳過ぎのＦさんは、夫も子供達も教育者、本人も

教師をしていたそうで、どこかシャキッとしたところがあった。声かけにも、「どうして、そう思われるんですか？」と反対に質問されたりする。草花が好きで、スタッフも草花を買って来てくれて、ベランダに置いたりしていた。

入所した頃より、食事はセッティングで自力ＯＫ、排泄は少し手を貸し、夜間はポータブルトイレにて排尿、日中は時間声かけでトイレ誘導、少し膝関節と腰は曲がって来ていたが、トントンと手つなぎで歩ける。少し早いと「待って下さい」としっかりした口調が返って来たものだった。スタッフが「少し早いですか、すみません」などと返していることもある。

食事のときも声かけに「味はいかがですか？」と尋ねると、「そりやぁ、おいしいですよ！」と余分なことは話すことなく、日中はリビングで過ごされることが多かった。手つなぎで散歩や食事会、お花見、旅行などにも出掛け、とても喜んでくれたものだった。更衣は目が悪いので、ほとんどお手伝いし、着替えさせてあげていた。一時、飲み込みが悪くなり病院へ移ると、そのまま病院で永眠された（大腸Ca手術）。いつもホールの定位置で、ソファーに掛けて音楽を聴いたり、他の患者さんの話に合づちを打ったりする、とても穏やかで素敵な方だった。私達もあんなふうに老いていきたいなと思ったものである。

葬儀に出席すると、本当に故人を偲ぶにふさわしく、故人のことを語り、みなさんから私の知らないFさんのお話を聞くことができた。もっと早く癌であることがわかっていれば、もっと長生きできたかもしれない、かわいそうなことになったと、今でも思うことがある。

夢ホーム

認知症の方の入所も何名かあり、やはり夜間の動きがつかめないため、5年目にグループホームを立ち上げ、動き始めた。役所で提出書類の作り方や宅地でなければ認可しないと言われ、中古の部屋数が多くある家探しが始まった。あちこちの不動産屋さんに声をかけたが、値段が安く手の届きそうな物件は、ほとんどがお墓かお寺の近くだった。なかなか見つからず半ばあきらめかけた頃、ようやく見つけたのが夢ホームである。道路わきではなく公園がすぐ近くにあり、広さは100坪程度。やはりみのりホームではしっかり看ることのできない人達の引越しである。慣れたスタッフ数名と、募集したスタッフでスタートした。

その間も何回も、役所へ認可が取れるように足を運んだが、許可されなかった。市長さんへも手紙を書いたが、形ばかりの調査という感じで2名の職員が見学に訪れたものの、その後も認可なし。認知症の方々にかかわったことのない人の目で見て、何がわかるのかなと思う。確かに他の施設で骨折、転倒を繰り返している人達を見る。半端でないことは家族もよくわかっているはず。夜間ずっとその人について歩くこともあれば、一緒に添い寝することもある。

三郷市の住人が立ち上げても認可されず、他の大手の業者さんの施設だと認可されることにも、かなりの不満を感じる。もっともっと、仕事の内容を見て評価し、これだけの建物でなければいけないことも先に提示しなくてはいけないと思う。でも、みのりホームだって、施設ではない、共同アパートである。共同看護センターではないか、ならば同じやり方で、しっかり看ようと同じ形の夢ホームが開設した。

病気によりわかったことは、その人達を今までよりも、よく看られるようになれたが、また、そこに問題ができた。重度の認知症は、グループホームを出されてたらい回しになり、私のホームへ訪れる。でもやはり夢ホームでは無理なのである。なるべくナースの目でも、観察できる場所で管理する。認知症も3ランクのグループで看ら

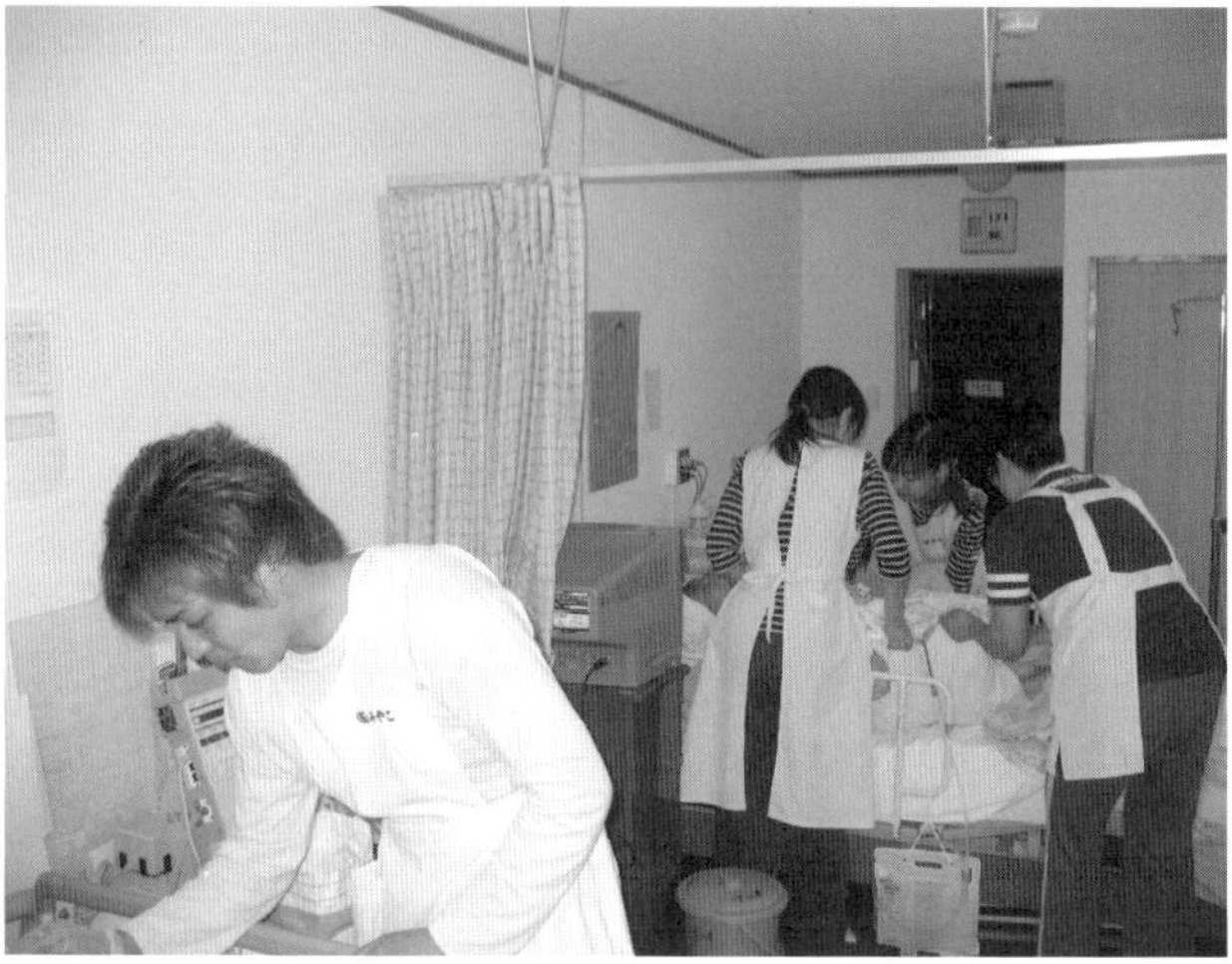

れるようにすることが、理想のような気がする。そして、本当に指示の入らない方々は、つきっきりで仕事ができるような人員配置が必要で、それにはそれだけの収入がなくてはいけない。役所で介護1だから歩けるという人でも、一時の隙を見て外に出ようとしたり、転んだりしてしまうので、目は離せない。

この頃から、スタッフも40名以上になり、みなさん辞めないで頑張ってくれている。本当にみのりのスタッフは、よく働いて動けない方々の手足口になってくれるので、感謝している。建物もホームを始めて5年目となり、みんなの動きにも、ゆとりができた頃Yさんとの出会いがあった。

シャイ・ドレーガーのYさん

どこで聞いたのか奥さんが、私のホームを尋ねて来た。東京板橋にある大きな総合病院へYさんを見に行ったとき、移動も考えかなり難しさを感じ、そのことも含め、ケースワーカー、Dr家族と一緒にミーティングをした。大変な患者さんや院内でトラブルのあった患者さんはほとんど出したがっている。でも、どうしても家人の希望もあり、当ホームへ入所、救急搬送となった。病名はシャイ・ドレーガー男性50歳代で、呼吸器を装着し、マーゲンチューブを挿入している。ハートモニターでは、徐脈50代から時折20代まで落ちる。世の中にたくさんの病院があるのに、なんで!と思うこともあった。

初めは買うつもりで、モニターをつけ（高くて買えなかった）、心臓もさることながら、意識（呼名）声かけに、かすかな目の動きがあり、自力体動、手足の動きはなし、会社ではトップでバリバリ仕事をしていた方だったが、今は手足眼球にも浮腫がほんの少しあり、食事は鼻チューブ。クラッシック音楽がお好きだったと聞き、何か刺激を与

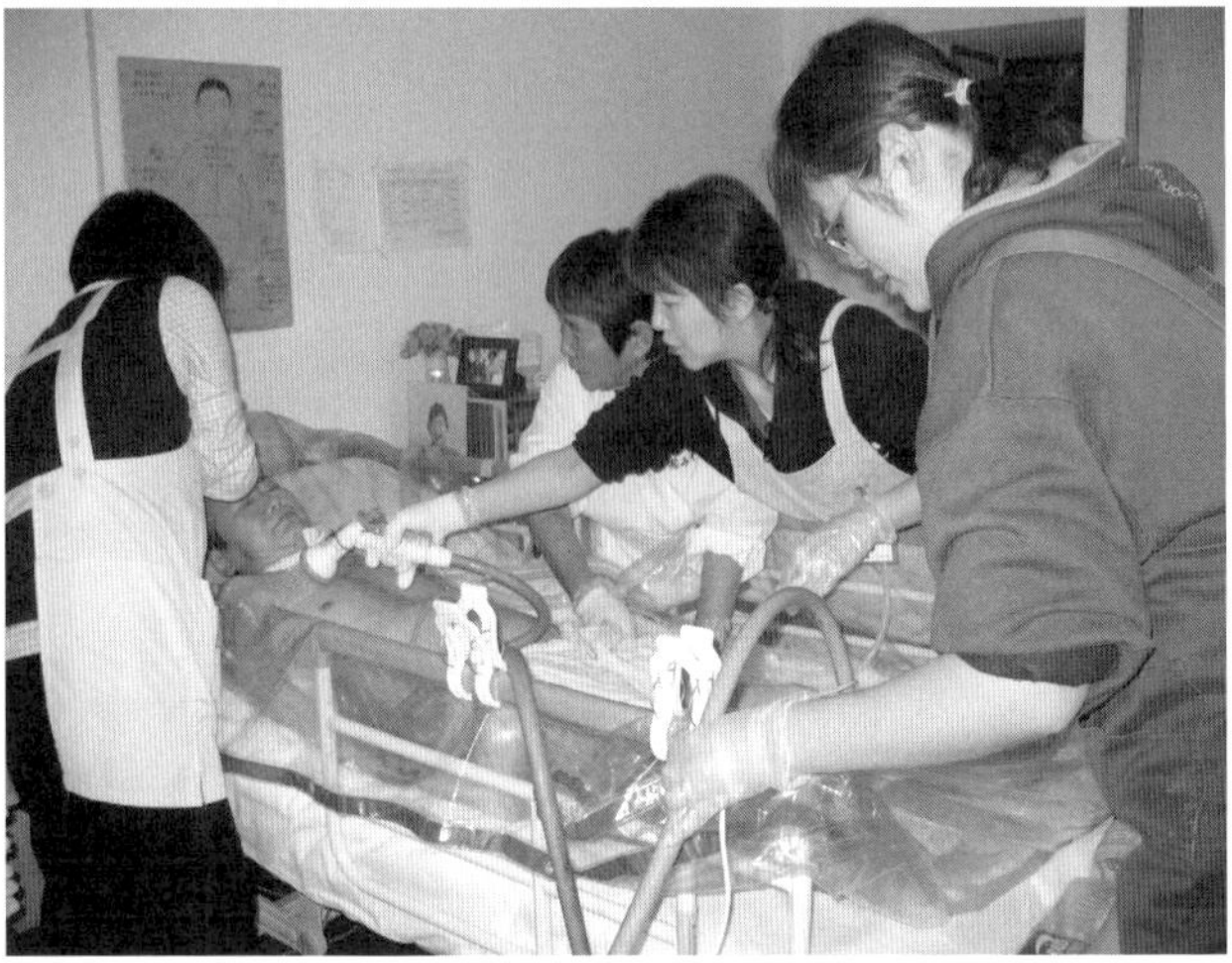

えるために家からCDプレイヤーを持ってきてもらい、いつもその部屋には音楽が流れていた。そのうちスタッフも私もベートーベンの第9のリズムを休憩室で口ずさむ。A面が終わるとB面へ1時間毎に、1回の入浴もビニールシートで手足のマッサージ、口腔ケア、SC（吸引）2時間毎の体位交換、バイタルチェック頻回など、モニターの観察、日中もモニターアラームが鳴り、走って訪室することも。状況に変わりはなく安心して戻ってきたことなど何回あったことだろう。

声かけに反応するようになり、話の内容で涙が出たり、口を何回か動かしたりすることができ、何か一つするごとに声をかけながら始めていた。

本当に男は、父親は「こんなに頑張るんだぞ！」と教えられた思いがした。2ヵ月後、やはり来るものが来たなーと、呼吸停止、Drコール、心マッサージ、30分の心マッサージで呼吸が再開し、呼吸器に乗せられた。動き出したぞ「まだ死なせるものか！」と心マッサージしていた。

難病看護の駆け込み寺として

前に記したようにこの頃は、脊髄小脳変性症、シャイドレーガー、ALSと入所希望者が次々とあったが、入所中のALS患者さんが転院前の国立病院での主治医Drが大手病院のセンター長となり、そこで終身入院できるということで、家族と病院だけで話が進み、そこへまた転院することとなった。それで、「私のホームは何なんだろう？　やっと患者さんにも慣れてきたのに。単なる一時休憩の場所なのか。もうALSを看る事をやめようか…」と思ったこともあった。それは自分の力の無さ、ふがい無さ、スタッフをどう引っ張っていけば良いのか、迷った時期でもある。

でも私が迷っていたら、今までやってきたことは、何にもならない。そのときスタッフからも「私達は何なんだ。その人に慣れるために頑張り、やっとわかってきたのに」という声があった。確かに細部にわたりわかるようになるまでは、大変である。

家族は、とても身勝手なところもある。患者さんに「アイス」や「ケーキ」を食べさせていて、何も隠れて食べさせなくても、それで状態が悪くなってても良ければいい。呼吸器を付けていて、汚い粘調痰が超多量に出たときは、私達は「どうしたかな」とその都度Drと相談し、抗生剤の指示が出たりする。家族は「痰が汚くなったわね」と言い、何か腑に落ちない感じで話す。

それでも相手がどんなことをして欲しいかがわかるようになると、もうこっちのもの。だからそこへ来るまでは、続いて患者さんを取れない時期もある。私も経営者としてはベットが空く事は大変であるし、勝手に決められる事はとても厳しい。重症の方々を看ることで、かなりのスタッフを抱えているからである。それが1~2週間後に転院ですと言われても本当は困るし、そんなふうに移動されてもと、考えた時期もあった。しかし私達のやり方は、機械も特別なものはないし、注射も病院のようにはできない。でも私のホームはやっぱり病院にはない家庭的な暖かいものがあることを忘れないし、都会ではない、田舎的な良さもあることを、家人が話を進める中、患者さんも薄々感じている。面会に来る友人に「ここに居たいよ」と話し、廊下で「本人が居たいと泣いているのに、家族はわからないですかね」と言われたことがある。私はこの言葉に救われた。やっぱり前向きにどんな人でも看ていこう。見放されても看ることをあきらめないで「やるしかない！」。

新しい看護の始まり

これをきっかけに私は、看護の原点に戻り立ち返ることとした。〝すべては患者さんのために〟を考えて。そして患者さんが希望したのであれば勝手に転院されても仕方がないのかも。とそれよりも私たちのできることは？

もっと看護の基本をしっかりと徹底し充実させること。と考え、

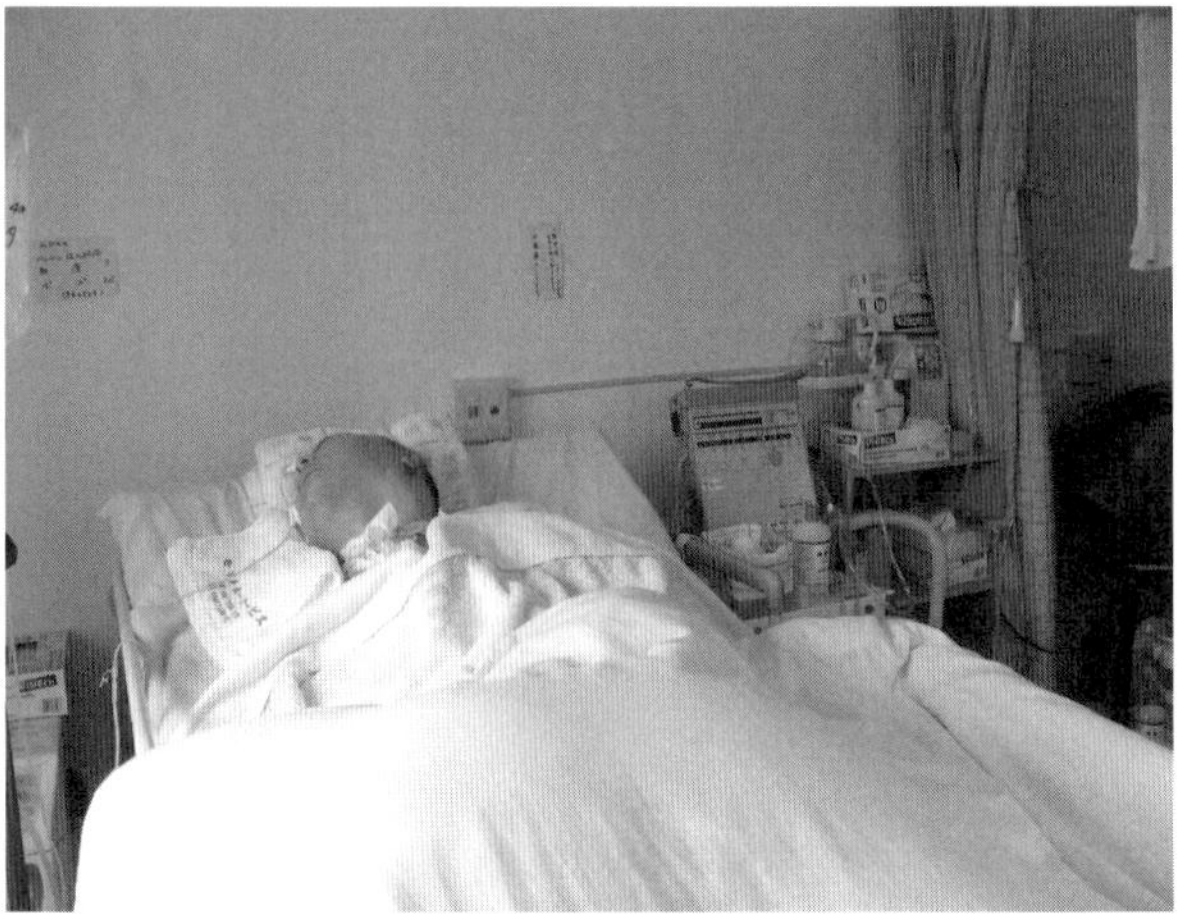

看護学生実習指導者資格を取得することにより、人手不足解消にもなり看護師を育てることにより、スタッフも初心に返り基礎と看護の質が徹底できるのではと考えた。
そのための講習会だけではなく、ありとあらゆる研修に顔を出し、移動中は車の中で睡眠をとり、新しい看護へと動き出した。
その後も多くの重症な人がいて、次々と見学電話予約が入った。それだけみんな大変なんだなと思うと同時に、前回のように突然の転院ということもあるので、ベット待ちシステム（空きがでると困っている人から、入居できるよう入居予約申し込み）を作り、困ることのないようになってきた。やはり出て行った人たちに私達スタッフはマンパワーをつけさせていただいたのだと思う。まだ、よくわからないでケアしていた自分達が、少しづつ磨きが入り働いている人達にリーダー格ができ、リーダーさんと呼ばれ指導でき、みんなイキイキと仕事ができるようになり、私は感謝している。スタッフ全員が同等の力をつけられるようになったのである。

ナースコール100回以上

一番若い人で、30代男性、筋ジストロフィー　ナースコール頻回、一つの仕事の流れを止めてしまい、中々思うように仕事が流れず困ることも、でも今までお母さんとお父さんお姉さんの誰かが、そばにいて、安心感もあり、誰もいない、小さな部屋で淋しさと不安の中で闘っているのかもしれないと思えるようになって来た。

呼吸器をつけて、ミキサー食、飲み物を摂取できる、体動は出きずに右手指のかすかな動きで、環境制御装置を操作しナースコール、自宅のお母さんへのメールを打ったり、

TVをつけたり、電気をつけたり、その細い指でやっているのだ。本人にしてみればこれが唯一の命綱なのかもしれない。理屈はよくわかっているけれど、我慢できない、1回呼んだら、そのとき2つのことを頼んでくれれば、いいなーと思うことも多々あるけれど、うちのスタッフは、すごい。それに対応しているのである。彼もとても頑張っていると思う。小さな体で、精一杯の生きていることへのアピールなのかもしれない。

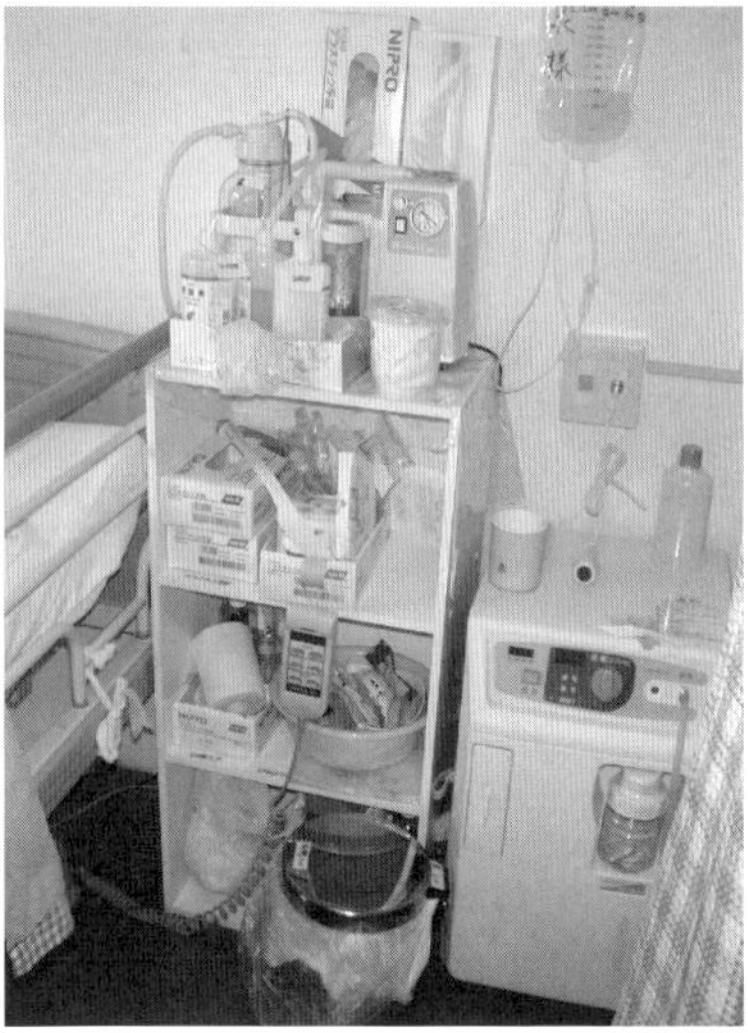

彼と出会ったのは、お母さんの入居希望があり、国立H病院へ見に行ったとき。古い建物で天井を仰ぐと、太いパイプや細いパイプが何本か走っていて、それが冬だったので、寒々しい感じがしたのを覚えている。それでも家族が、離れたり体調が悪く緊急入院したりし、受け入れていただけるだけで、ありがたいのが病院なのだ。

国立はたくさんの土地、広い場所に建っている。こんな場所にこんな方々に、喜んでいただける建物が建てたらいいのにな－と思ったものである。

そんな中で彼は、「宜しくお願いします」と私も同様の言葉を発し、頑張っているすごさを感じた。（1年以上の入居になっている）

知的で自立しているKさん

30代脊髄小脳変性症であるKさん。一流大学を出て背も高く、知的な女性である。自分の疾患のことも理解されている様子だ。何とか立位になれ、自力で食事摂取ができ、車椅子移動もでき、更衣も時間はかかるけど、OK自立している。パソコンもできる。「1リットルの涙」のテレビがあったけど、それと同じ病気である。ここへ来るまでには、たくさんの涙が流れたと思う。これからも流れ、こぼれる涙を私達で少しでも、少なくできればいいんだが。

彼女との出会いは、お父さんと保健師さんからの依頼で、大きな病院へ面会に行った。

彼女は病室にはいなくリハビリ中だった。眼鏡をかけ、下向きかげんの頭をゆっくりと持ち上げ、やはり「よろしくお願いします」と同じ言葉で挨拶、いつものように「お待ちしていますね」と細長い小さく見えた彼女が今は、少しふっくらとし、頼もしく見える。（現在まで2ヵ月の入居）

1週間くらいして訪室し、「いかがですか？」と様子を尋ねると「家のようでもあり、病院のようでもあり、安心して居られます」と言われたので少しホッとした。これからも少しでも気持ちが安らぐことのできるようにかかわってあげたいと思っている。仙骨部のじょくそうもきれいに治癒したところである。

8度目の出会い

次に若いのは40代の男性、Aさん。病名は副腎白質ジストロフィ。12歳で視力低下、20歳で歩行障害が出現し、難病の確定診断がついた。そこへ至るまでにいくつもの病院を通ったという。

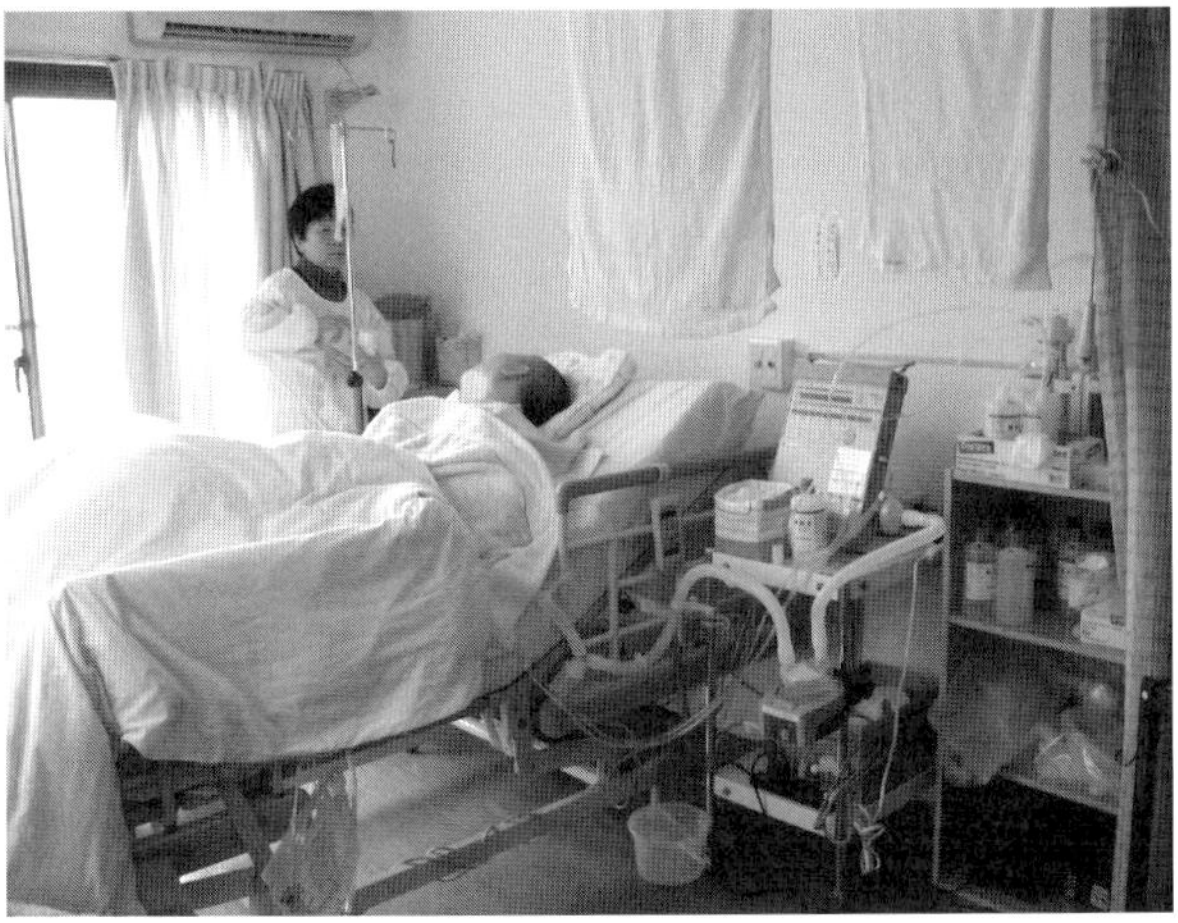

彼との出会いは、私がこのホームを立ち上げる前に訪問看護で関わったのが始まりだった。そのときはやはり家族の頑張りのすごさ、お母様のパワーに驚かされたのを覚えている。それは、病院でナースがする仕事のほとんどをできるといっても過言ではない。

呼吸器装着、吸引、口腔ケア、膀胱洗浄、褥瘡処置（1日2、3回　ガーゼ交換）し、巨大褥瘡を直してしまうのである。

訪問でこのお母さんの頑張りを見て、素人ができて、プロの私にできないことがないと思えたのは実感だった。お父さんが銀行員だったこともあり、私が立ち上げのときのお金の借入れの話をしたときは、とても心配され、利息の心配、計算までしていただいた。

「そんなの仕事にして、それだけのお金をいただいて、やれるはずがない！」と話されていたお父さんも亡くなり、お母さん一人では、やはり買い物も行くことができない。頑張りすぎて体調を崩してしまい、発熱した息子さんを病院へ預け、お母さんも病院通いをし、介護疲れもあって私を訪ねてくださった。立ち上げの頃は、「頑張ってよ。もし私に何かあったらあなたに息子を預けるわよ」と言うので私が「イヤ、イヤ」と話すと、真顔で「本当よ、本当にそうするから頑張って欲しいよ。陰ながら応援しているわよ」と本当にその日が来たんだなーと思った。私と看護師長と一緒に自宅訪問したとき、体調が悪く顔色がすぐれず、私達にお茶を入れる手順もオロオロだった。

「私も年をとったし、できることは、全部やったわ。できるだけのことをしてきたから、あとはあなたにお願いしますね」とやさしい母親の思いがひしひしと伝わってきた。まかされると言われても、こりゃ大変だ。昔より病気も進行しているだろうと思い、何回か病院へ足を運び彼を見に行った。声をかけると、わかるのかわからないのか、こちらをジィーと見つめ「僕を連れて行って」と言っているように思えた。「よーし、頑張ってみよう、お母さんの頑張りを私ももらって頑張って看ていこう」と。

そして、息子さんの入所も決まり、自宅へベッドなど、今まで使用していたものを取りに行き、準備が始まった。

やはり1週間くらいは寝た気がしなかった。移動により体調変化もあるため、呼吸器へうまくのせられず、アラーム（警報）が頻回になる。器械トラブルもあり、フジレスピロさん（人工呼吸器メーカー）に来てもらい交換、その後は穏やかに過ぎている。

体温調節や、排便コントロールも上手に出きず、肛門部のタダレ褥瘡（病院より）もあったが2回3回の消毒と薬をマメに塗り、今はきれいに治癒している。それでも時折小刻みに痙攣があり、アラーム音、あわてて訪室することも多々あるが、お風呂入浴が好きで入れているときは、痙攣が起きないのだ。気持ち良さそうにしているYさん、介護者が次々に声をかけ、おしゃべりをしている。Aさんも返事はできないが本当にリラックスしている。体重もあり、体格も良く（ステロイド使用）内服使用もあり、一人では中々体位交換でいい位置には決まらないので、声をかけながら二人がかりで施行している。

動けない人々

自力で動くことのできない人を一人で介助するには無理があり、なかなかいい仕事はできない。2時間ごとに体交、オムツ交換を訴えることのできる人は、これ以外にも施行吸引も同じように、多い人は30分毎～2時間毎にする。その人に合った時間に訪室、声かけ吸引する。

ジャバラ（呼吸器～本人につながっているホース）を見てはずれないか、水滴が溜まっていないかなどをチェックし、加湿器の蒸留水を入れたりと、繰り返し施行、バイタルサイン（血圧、脈、体温）、酸素濃度、日勤、夜勤、チェック変動のある方は、再検し、ナースの仕事は多忙となり、ヘルパーさんでできる仕事は、二人がかりで施行させている。一つひとつ終わるたびに、本人にこれでいいかどうかを尋ね、ＯＫが出たら隣

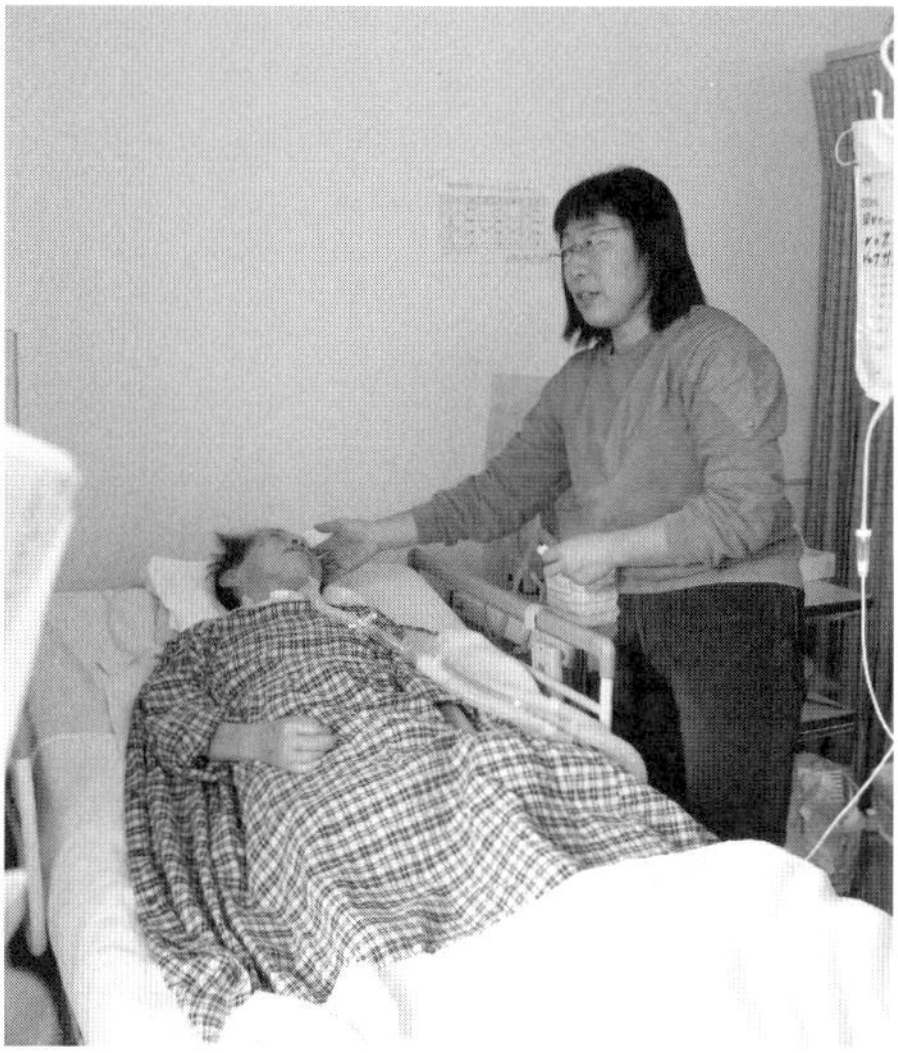

の部屋へ行く。
　手の位置、足の位置、首の位置は、わずか5ミリの違いで寝心地が悪く、枕挿入の場所を間違えれば体が痛いのである。うまくいかないときは、「ちがう」「どこが」「て」「あし」「くび」「まくら」など、文字盤を使って違うところを探し出す、オムツがどこか、当たりが悪かったり掛け物が深く入っていたりと、その時々で訴えは様々だ。
　でもそれでも、ＯＫが出るまで尋ね聞き、目をパチパチさせたり、首や目の動きなどでＯＫとわかると次の方へ移動する。目で合図できる人はまだまだいい方で、口パクも目も首も手足も動かず、声をかけても聞こえているのかなーという人もいる。どこも苦しそうなところはないか、手はどこかに当たっていないか（ベッド柵や自分の体、衣類など）、シ

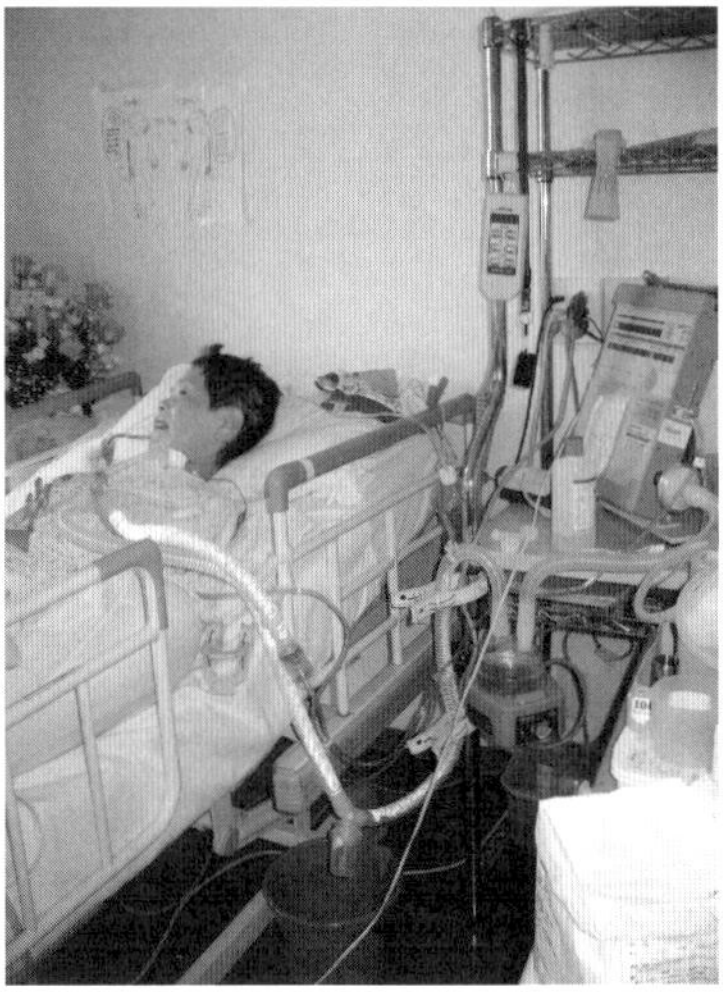

ーツやバスタオルの皺がないか、足と足がぶつかっていないか（触れていないか）、膝が伸びていない人の足に無理がないかなどのチェックをする。

呼吸器のジャバラが一番いい位置にあるか、はずれないように、洗濯バサミで上手に止めてあるか確かめていき（写真）、アラームが鳴るとナースがすぐ飛んで行く。ヘルパーさんの入る前後にナースは吸引を施行する。ドアの入り口には、小さな木のコッパを挟んでドアが大きな音でガチャンとしまらないよう、また、アラームが鳴ったらすぐ聞こえるよう開けてあり、各部屋には音声コールを置き、休憩室へ聞こえるようにしてある。

一人ひとり特徴もあり、枕の挿入の仕方も違う。首の位置も口腔唾液が、多く出る人はノドへ垂れ込まないように、持続低圧吸引器を使用し、少しでも苦しいことのないようにしている。

朝、夕の各勤務者が、カフエアーを確認している。

唾液が多い人は、ネオガーゼ（紙ガーゼの使い捨てガーゼ）を口にくわえ、唾液を吸い込むことでむせる（苦しいので）ことがないよう、またファイティング（むせて咳き込む）が起きないように（人工呼吸器のアラームが鳴る）している人もいる。

涙もろいHさん

病名はＡＬＳ（筋萎縮性側索硬化症）60代、平成13年8月頃より、しゃべりにくさがあり、数ヵ所の病院受診の2年後位に診断される。車椅子入院5日後に呼吸困難となり、O_2開始、2日後気管切開、呼吸器装着となる。いつも2人の娘さんがいらしてくださり、お母さんへ声かけしながら、きれいに体を拭いたり手足肩のマッサージをしてくださる。入居された頃は、ボードに右手でやっと書くことのできるマジックを持ちながら、書いて訴えていたが、だんだん手足の麻痺が強くなり、文字盤で訴えるようになってきた。

何か声をかけると、すごく嬉しいのかすぐに泣いてしまうので、言葉を選んでしまう。数ヵ月以上前から唾液量が多く、飲み込めないため、むせ込みがあり、やはり低圧吸引器を使用し始めている。日中はTVを見て、ゲラゲラ笑っていることもあり、みんなに声かけしてもらい泣き出していることもある（いじめているのではなく、嬉しくてですよ）。娘さんの連れていらっしゃるお子さんがかわいくて、ホームのアイドルでもある。

退職後、お姉さんと一緒に旅行へ行き始めた矢先にこの病気になったとのこと、お姉さんも時折来て、声かけしてくれる。私達はしっかり痰をとったり、ケアすることができても、楽しかったときのことを話し、昔のことは、側で語れないのである。いつもいつも、つらいことへの援助なので、やはり家族に来ていただくと何かホッとできる。

隣の方もALSである

Uさんは、昭和62年発症（50代）にて、この病気との闘いである。娘さんがやはり在宅で頑張って看ていたけれど体調を悪くし通院、入院を繰り返し、とうとう入所となっ

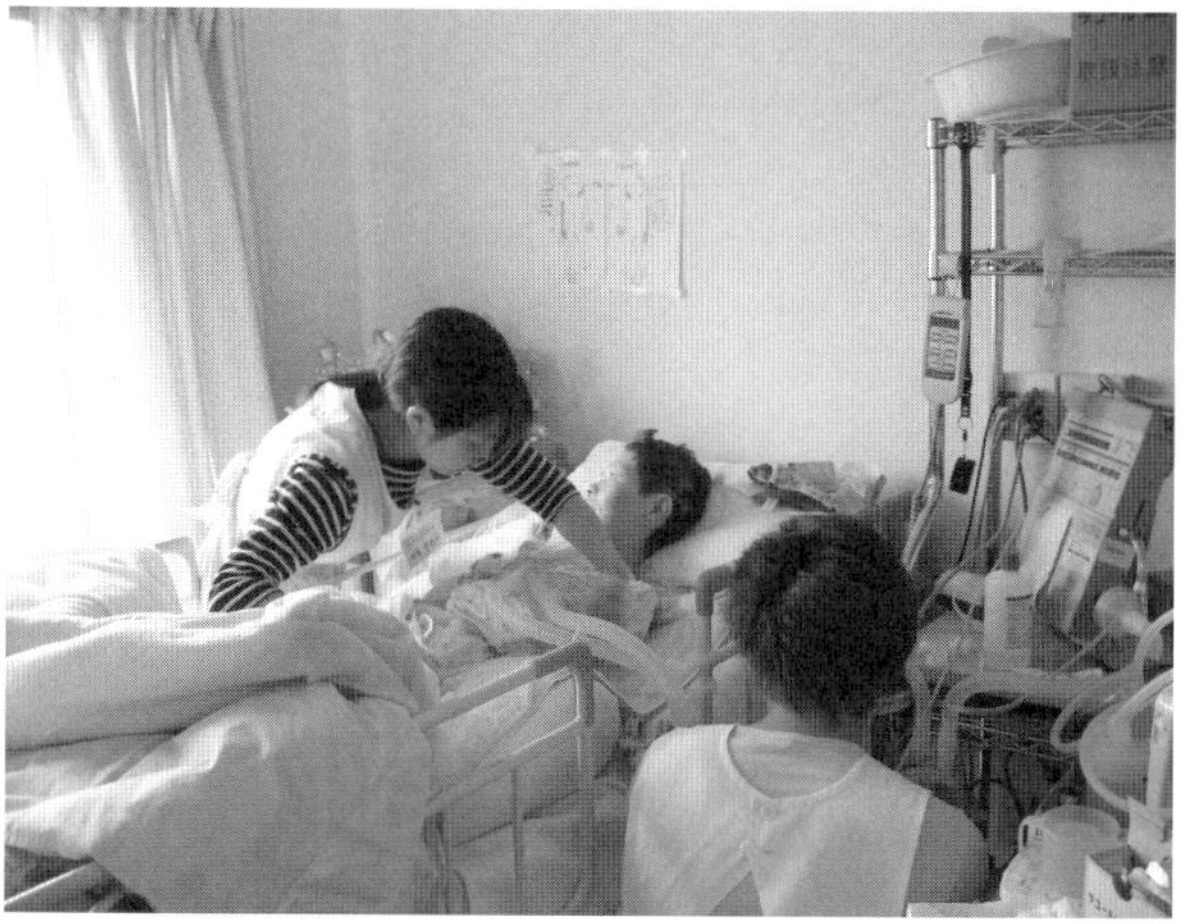

てしまった。平成2年より、寝たきりとなり、国立K病院を10回以上入退院を繰り返し、その間夫の死別、気管切開、人工呼吸器装着となり、苦しいことへの連続だったのである。

とても美人な娘さんで、マスクをして訪室されることもあり、私もひそかに体調を気にしている。本当に手足が動かず、つらいことだ。排ガスがうまくいかず、時折ガス抜きをしたり、摘便したり、胃瘻開放したりしている。膀胱に管（バルン）が入っているので、膀胱洗浄したりしている。

娘さんは、やって欲しいことを、細やかに絵を書いて貼って下さっている。声かけに、目でパチパチしたり、ウィンクして返事してくれ、できたときや満足されたときは、とても素敵な笑顔を見せて下さるお母様なのだ。

難病の方や認知症、脳梗塞や四肢の動きの悪い方々は往診マッサージの方々に入ってもらっている。私達も時間があればスクージング、マッサージにもっともっとかかわっていきたいと思っている。

独身のOさんもALS

独身で2年前に退職、60歳代後半で長年勤務していた会社（40年仕事し）で厚生年金があると思っていたため、年金もない貯金をくずしての生活となった、動けないこともあり、それは質素でつつましいものだったことが、彼を見た時感じ取れた。痩せ細り青白い顔の彼は、弟夫婦の車で見学に来た。丁度トイレ洗面付きの部屋のリフォームも終え、すぐに入居となった。他の予約の方のように入院中ではなく、独居ということもあり、呼吸器をつけていないことと、延命処置をしないという。

平成16年2月頃、洗濯を干しているとき、洗濯バサミが開けにくくなり、近医受診しその後、大きな病院で治療を受けるが、治らないと言われ内服もなく、2～6ヵ月ごとに通院、経過観察、介護保険を使いヘルパーさん、ケアマネさんも入っているのに、食事はコンビニのおむすびを買ったりし、それをズボンのベルトに縛ってもらい買いに行っていたと、水は水道の蛇口を完全に閉めないで、ボターンボタン落ちる所へ口を近づけて飲んでいたそうだ。そんな話だけでもなんか侘しく切なく感じた。だから他の予約の方々には、申し訳なかったが、ヘルパーさんの募集をし、1ヵ月以内に入居となった。顔は青白く細く痩せていて、両脇で支えられての入室だった。

声かけに、少し唾液が多く、聞き取りにくさもあったが、今までの経過を順序よく話して下さった。上肢の動きの方が悪く両手指が上手に動かせず食事、トイレへの誘導はヘルパーさん、ナースの介助で施行。食欲もあり、食事は飲み込みが悪いため、キザミ食→ミキサー食へと変更していくもとうとうむせ込み、食事摂取できなくなった頃には、呼吸状態が悪くなった。鼻カテで酸素を5リットル使用していたが、17年3月1日よりバイパップ使用。その頃から食欲がなくなり、酸素濃度も低下、本人は尊厳死を主張していたが、苦しいためか、「喉には、穴を開けても良い」と言い出し、病院搬送、気管切開となり、呼吸器装着となった。苦痛の毎日が続いているのだ。たまに、声をかけると起きているのに、寝た振りをしていたり、口パクでなかなか理解できず困っていると、何回も諦めることなく訴えたり、隣の人の世話をしていると、足をバタバタさせて自分を先にしてくれと訴えたりし、私たちに甘えているのである。1ヵ月前には呼吸停止し、眼球の動きも全くなく、呼吸器のアラームは鳴りっぱなし。ナース2人で心マッサージ、アンビューしながらジャバラ交換をした。どこかにトラブルがあったのか見ている暇がなかった。15分以上経った後だろうか、手を離すと呼吸再開していた。手と足がかすかに動いた。あとで、ジャバラの破損か、はまりが悪かったか、接続のはずれ等なかったか、水道水を入れて確かめてみたが、見つからなかった。夜勤ナースと交代する時間、2人は5m手前ですれ違い、私は食堂前へ、もう1人のナースは病室前を通り過ぎ、アラームで訪室した。

ナース「所長、いつもと違います」

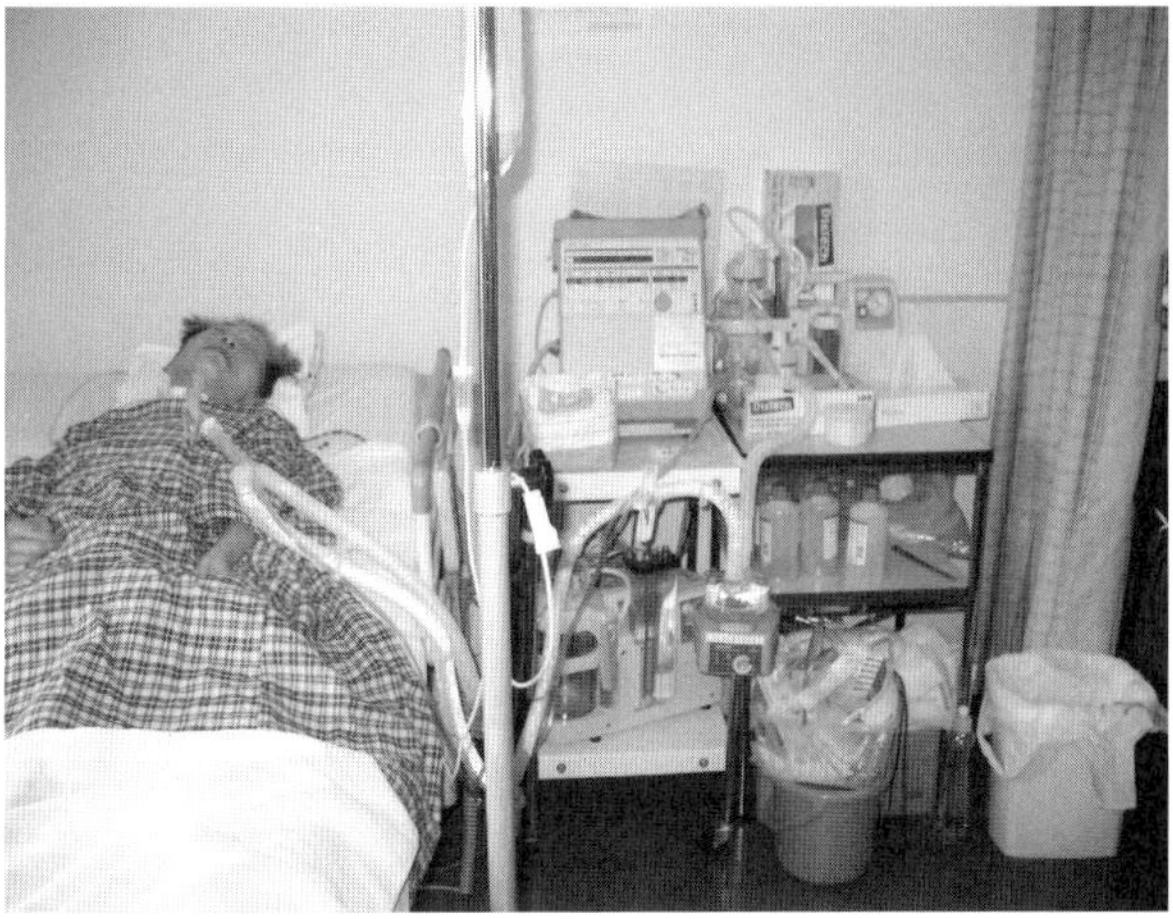

私「痰は」
ナース「今取ってそんなにたっていないです」
私「呼吸停止！胸の動きがない」
　本当に、何秒の世界なんだなーと思った。こんなことがあり、本人はなおのこと死への不安もたくさんあると思う。
　足をバタつかせたりして、頑張る彼はいとおしい。訴える目を見て、今日もみんなめげないで彼の訴え、話に耳を傾けて、わかるまで納得するまで、文字盤を持ち、苦戦していることもある。ヘルパーさんがわからないとき、
ナース「なあーに」
患者「手の位置が悪い」とヘルパーさんに話す

ヘルパー「所長何でわかるの」

私は口を読んでいるのだ。口の動きで何が言いたいか、目を見ていると読めるのである。それと昔、手話を習ったのも効を奏しているかもしれない。

ある往診のときのこと。ドクターにやはり口パクで何か訴えている。先生はよくわからず、
先生「ごめんね。あとでよくわかる人に来てもらうから」

私「そうね。あとでよくわかるヘルパーさんに来てもらいましょう」と。でも、本人は口を動かす。

「よく眠れない！」と。目でパチパチし、その通りとばかりに何回も先生に伝えると、「よくわかるなー」と。こんなときは嬉しい。本人もつらいことが言えてホッとしているのである。ドクターは一人ひとり呼吸させ痰の状態を見ながら、ステート（聴診器）で胸をよく診察し、よく取り切れていないときは再度吸引してみる。また、胸部音を聴いて、「大丈夫だよ。心配ないよ」と声をかけて下さる。そのときも、ホッとした顔と

安堵の目に変わっている。

そうなのである。彼は入居1年もしないで両手は動かず、足も両膝下部が立て膝まではいかないけれど動くだけ。顔も動かすことができないのだ。体位変換のとき、どの人も身体の向きを変えると同時に、手足、顔の向きを直すのである。私も布団の上で2時間同じ姿勢で寝てみたが、どこも痛くなく体を動かすことができていても、そのつらいことといったらなかった。

そして唾液も飲み込めず、口元には紙ガーゼ（タオルを敷いた上に）を置いて、持続低圧吸引でひいているのだ。

彼は独身で一人暮らしなので、いつも訪ねてくるのは弟さん夫婦である。あまり話すこともないのか、話せないのでヘルパーさんをつけるのだが、「つらくて見ていられない」と弟さんの奥さん。今の状態を聞いて、帰っていく。２人で私に何回も頭をさげて、私もドアのところで何回かお辞儀をして別れるのだ。

ただひとつ言えることは、私がＡＬＳと向き合って、彼もいつか動けない日が来ると思い、また食べて行くことができなくなると思い、ヘルパーさんと一緒に好きだったと言うそばを食べに行った。側にぴったりついている佐川ヘルパーはひと口サイズに切って上手に口に運んでくれるのだ。ひと口に時間がかかり、口をモグモグしているときに、自分の口へかき込んでいる。あとで、

私「佐川さんごめんね。食べた気がしなかったでしょ」

ヘルパー「いや、そんなことないです。本人も喜んでいたし良かったです」と

私「今度ケーキのおいしい店へ連れて行きたいね！」

ヘルパー「ぼく知ってますよ」と。

「もうすぐ食べれなくなるねー」と私は先を見通して約束していた。

そば屋さんの帰りには、

私「疲れた？」

Oさん「大丈夫です」

私「さつき展、嫌でなかったら、見に行こうか」

Oさん「見たいです」

そして、5分もしない場所にさつき展覧会を見に行った。

その後、ケーキ屋さんやファミリーレストランなど、食べられる間にといろいろな場所へ行ったが、だんだん歩くのが大変になっていった。でも彼はいつも「大丈夫です」と嬉しそうな顔をしていた。

先に話していたように、その2〜3ヶ月後には、何も口にできなくなった。

こんなふうに、いつも側でつらいことと向き合っている。そんな中で、少しでも楽しいこと探しをしてみたい。もうできなくなることが、目の前に迫っていることを感じ、「良かったね。今日一緒に行けて！」と声をかけることも、とてもつらくなるものであった。

パーキンソン病の社長Iさん

みのりホームへ奥さんと息子さんが見学に来て、「入居させたい！」と言ったのはI

さん。Ｉさんは大手企業の社長さんをしていた70代の男性で、病名はパーキンソン病と慢性硬膜下血腫（手術後）。

入居希望のあるときは、いつも本当に私たちで看ていけるかどうか、病院へ面会に行く。その人を見てどれだけの介護、看護を要するのか。今の人員でやれないときは入居前にスタッフを募集、受入れ態勢を整える。

どの方もそうだが、お会いしても初対面なのであまり話すことはなく、ナースの仕事、ケアの見学。あとは、使っているものは何か（呼吸器のときは機種などの違いも確認）酸素使用のときは、手配をしなくてはいけないのである。

今から10年以上前の発症で、これから退職後ご夫婦で、旅行にでも行こうと思ったときだと思う。

奥さんは美人で品の良い方である。私たちのように、ガサガサしていない人だ。この人の前ではいつも忙しそうにしている自分が少し滑稽に見えることがある。

パーキンソン病というと、何となくイメージでは手足の震えがあり、歩きにくいこと

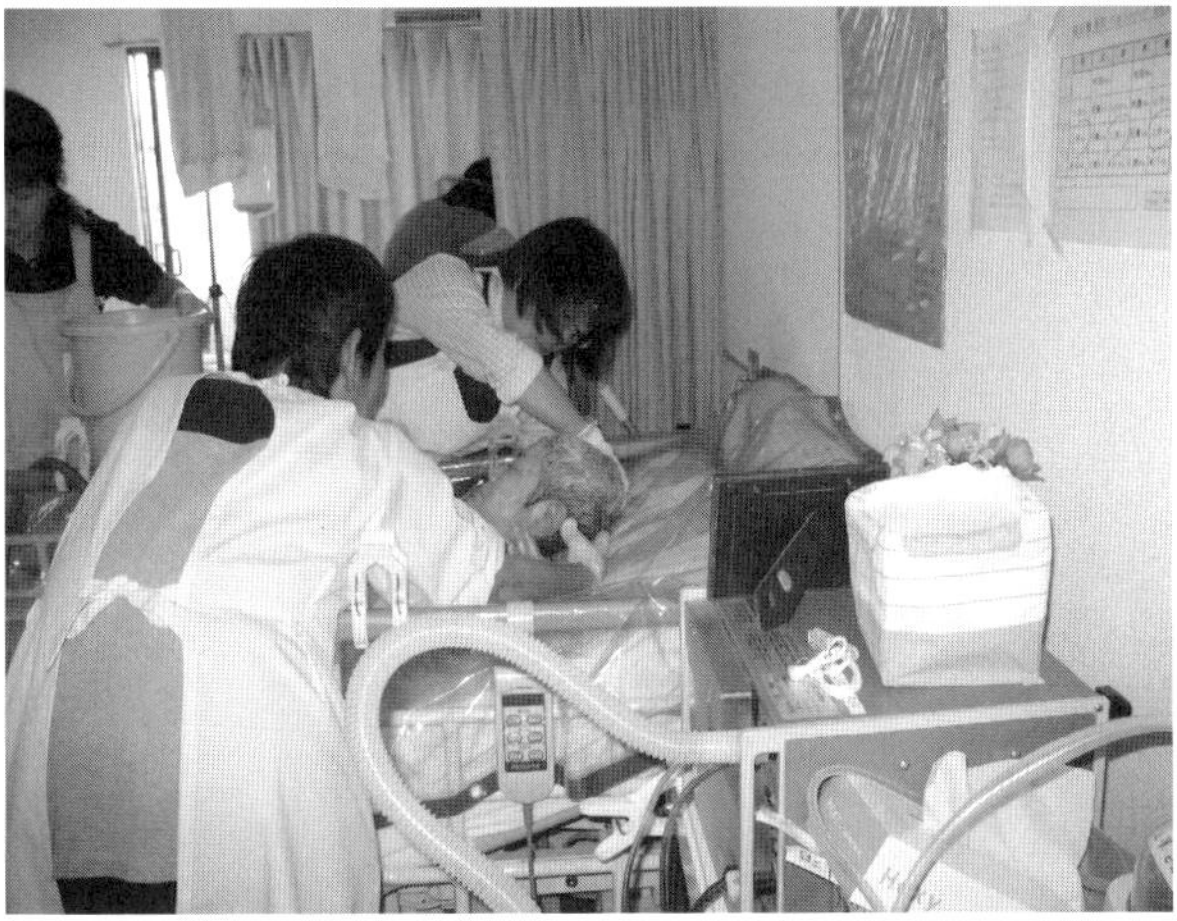

があるだけと思っていたが、中には全く体動できず、気管切開をしていて痰量のかなり多い人もいるということを初めて知った。Iさんは以前の国立病院からもリハビリをかなりしていて、一生懸命病と闘っている様子である。

私たちには吸引するだけでもかなりの時間を要する。1日30～50回以上の吸引。やはりむせると苦しいので、持続の低圧吸引器も途中より使用している。だんだんと両手足の拘縮も始まり、胸部を圧迫しないよう、バスタオルを工夫していれている。

入院中、血糖コントロールができない時期もあった様子。入所時は血糖をチェックしたり内服薬との関係もあり、胃瘻よりの経菅栄養は8時間ごとに設定し始めた。訪室も他の部屋へ行く際に必ず訪室し、吸引しなくてよいかチェックをするようにしている。

奥様は1日おきに来て、お世話をしている。息子さんも子供さん（孫）と一緒に来てくれる。口腔の唾液も日々多くなり、やっぱりつらい日々が続く中、美空ひばりの歌集CDを買って来て、部屋では「川の流れのように」が流れている。昼の弁当を持ってきて、夫のそばでいつも語りかけているのだ。3〜4時間過ごし、帰宅される。

私たちも誰かそばにいることでホッとしていられる。スタッフの声かけに、口パクで応えて下さる様子。私は嫌われているのか、まだ口パクは見たことがない。笑顔は何回かあるのだが、今どう声かけしたら口を動かしてくれるか、いろいろやっている最中である。

みんなは「シャチョーさんダイジョウブですか？」と少しおどけた口調で話しかけていくのだが、どうもそんな風には入っていけない。まだまだスタッフより訪室する回数が少ないのか、イヤ、私の方が休みもないし、夜もいることが多いから、そんなものではないと思うけど、やっぱり何かが違うんだ。

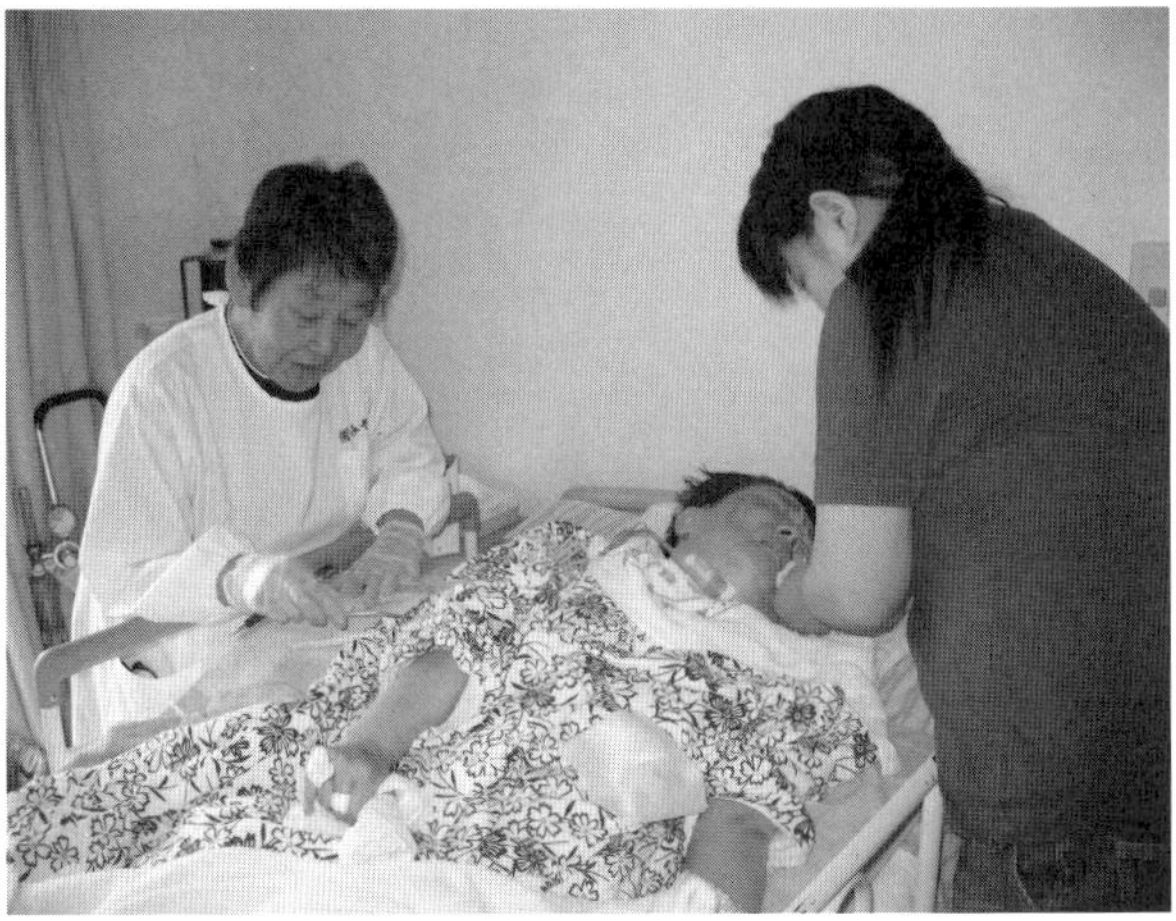

それはみんなから、これから学ぶところである。

美人なDさん

50代のDさんは、平成11年に脊髄小脳変性症と診断されて、平成17年5月まで在宅で介護されていた。その間、胆石、胆のう炎、睡眠時無呼吸症候群あり、気管切開施行、嚥下障害あり、胃瘻造設。その後肺炎、尿路感染。今回の入院は発熱して、その上、夫の病気もあり在宅介護が困難で入居となった。

Dさんは色白でとても美人な方。体全体の拘縮と頸部斜頸があり、体位交換はしても、ほとんど同じ向きで過ごされる。声かけに目をパチパチすることもあり、理解力はＯＫ。唾液量が多く、流延しないように口元に紙ガーゼを置き、やはり持続低圧吸引器を使用している。

娘さんは面会時に、必ず素敵な花を持っていらっしゃいる。時折明るくはずんだ声がしている。夫は長野の別荘より酸素をつけて、面会にいらっしゃる。何か見ているだけでこっちが苦しくなりそうである。バルンカテーテルも入っており、時折ミルキング（しごいたり）し、つまらないよう膀胱洗浄し、きれいに洗っている。バルン交換時、1cm位の尿路結石が3つも出てきて驚いた。夜になるととても不安なのか、大きく目開き、なかなか眠らないので何回か訪室し、テレビを消してくる。酸素も使用している。

呼吸器を付けていたせきさん

せきさんは自宅で嘔吐し、病院へ運ばれたが、気管切開、呼吸器装着、オムツ着用。その後少しづつ離脱抜管されたが、ＭＲＳＡ＋ということもあり、他ホーム、病院の受入れはなく、家人もお嫁さん1人で足が悪いこと、まだ生まれたばかりの赤ちゃん（ひ孫）もいて心配だと入居されることとなった。

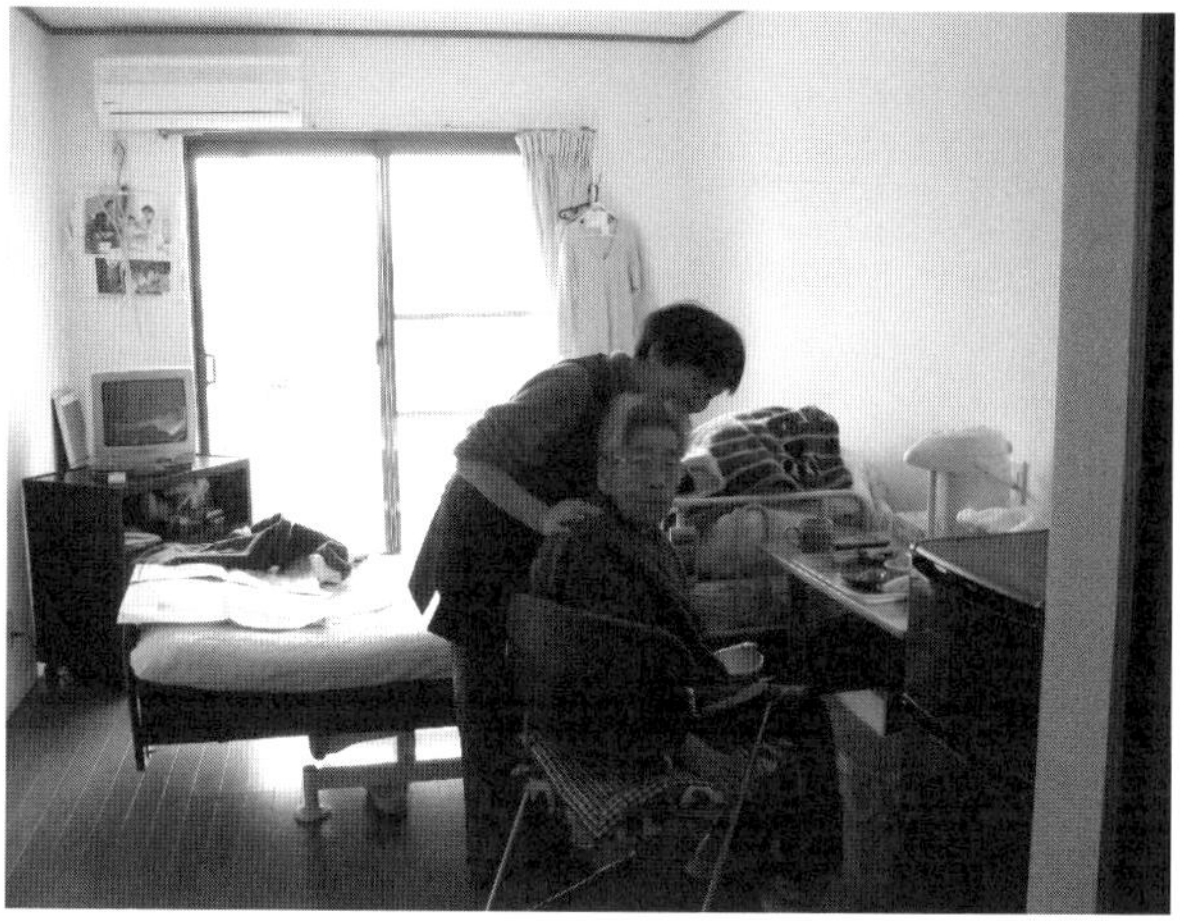

やはり大きい農家を切盛りして来た80代のせきさんには、（自分の家があるのにと）納得がいかない様子だった。入居時介護5だったせきさんは、日中は全介助にてポータブルトイレ。夜間はオムツにて声かけ排尿介助と、（転倒に注意し）訪室は多くし、室内歩行練習。若い頃より働き者だったせきさんは、しっかり歩行できるようになり、6ヵ月後にはMRSA（－）。3回検査（－）で、2階の部屋へ移動。トイレ歩行までできるようになり、リハビリパンツもはずれるまでになった。かなり難聴なため、とても大きな声で会話をしている。

「どうも耳に入れて、よく聴こえるようになると言うけれど、私にはザーザー音がしてイヤでねー」

と言うが、おそらく補聴器のことだろう。数年の入居の間に、風邪をひいて、一時は呼吸困難になり、1階の部屋で管理(みのりホームでは、1階はスタッフが頻回に廻り、2階は歩行可能な人の部屋としている)したこともある。そのときは、気管切開までしていた人なので、気管が狭くなり排痰がしにくいため、なかなか完治せずとても心配した。夜勤の佐々木ヘルパーは心配なので、付きっきりで看てくれていた日もあったが、2週間位すると、また元気に歩くようになられた。

今も時折2階の廊下で小さな買い物用の車イスを手押ししながら、歩行練習をして、行ったり来たりしていることがある。私の顔を見ると、「私は助けられたよ。こんなに長生きできてな」と。

また、息子さんは胃癌の手術もし、早くに先立たれるなど、たくさんつらいことがあったと、時折、思い出話をされる。娘さんは毎日のように交替で面会に見える。介護度は現在は1。本格的な風邪を引き、ヒューヒューした呼吸で、点滴、酸素が始まったときは「もうダメかな」と思ったこともあったが、やっぱりあきらめてはいけないのだ。その人の持っている生命力があることを思い知らされた気がする（入居5年目で　今は

92才)。

「せきさん変わりないかい」と入って行く声がなんとも親近感があり、ホッとして聞いている。

「ああ、変わんないよー。大丈夫だよ」と大きな元気のいい返事が返ってくる。

雨の日や風の強い日には廊下を出てトイレへ行くことが大変なので、トイレ洗面クローゼット付きの部屋(10畳位ある)に改修した。ゆったりゆっくり過ごされている。

時折、肩が痛く、お灸をしてもらったり湿布したりしている。本人曰く、

「ちっとはいいかもしれんけど、さっぱりしないねー」と言いながら、貼り薬や塗り薬をぬってもらっている。

紹介のNさんは認知症

Nさんは今一緒に仕事をしている多田・看護師長さんの紹介で入居となった。夫は「私が忙しくて、あんまり妻を放っていたからこんなふうになってしまった」とかなり

後悔して話された。認知症である。

家へ帰っても何もできず、ボーッとして夫の車が入る駐車場を眺めていたそうだ。しばらく娘さんと生活してみたが、良くならず、T病院へ入院。その後入居となった。胸部X線写真でも影が多く、小さな（TB）結核かなと思い、3ヵ所の医院で写真を見てもらい、痰培養をしたりして心配したものだ。

食事の摂取も早く、自分のを摂取してもすぐ忘れてしまい、廊下へ出て、ほかの方の食事に手をつけたりと、しょっちゅうテンヤワンヤしていた。漢字を読むことがすごく上手で、散歩へ出て一軒一軒と家屋の表札を読みながら歩くのだが、犬が大嫌いで、犬が吠えるとしがみついてくる。だから、犬のいないコースを散歩コースにしていた。

食事摂取、飲み込みが上手にできず、3回肺炎を起こした。1回目の入院のときは、やはり初め入院していた病院にしたが、点滴は抜いてしまう。歩けるため、階段を下りたり。でも嬉しいことに、どのナースも彼女にとっては「鈴木さん」だったそうである。

「この人誰ですか」と尋ねると、

「鈴木さん、鈴木さん」と答える（私のところでは、ほとんど全員のスタッフの名前を覚えている）。

そして次に出る言葉が、「みのりホームへ帰る」だったという。だからその後の肺炎のときは、ここで点滴し、車椅子に乗せたり、食堂でみんなと会話しながら治していった。昨年、どうしても飲み込みが悪く、噎せ返ることが多く、胃瘻を造設。10時15時にプリン体を摂取させたりしていたが、今は何も食べれないのだが、多弁で上手にお喋りしている。

「これ面白くない。面白くない」とテレビを見て話してくれたり、何か聞くと、「私やっていない。やっていない！」と。歌も一緒に上手に歌ってくれる。ヘルパーさんも私は誰ですか？に。

「知ってる。滝澤さん」と元気に返事が返ってくる。先日、夜勤ヘルパーさんが、巡視したとき、口の中の唾液が飲み込めず、モゴモゴし、窒息寸前になった。痰がらみもあり、抗生剤を使用し元気になったが、その具合の悪いときに、夫は永眠された。いつも正江さんのことを心配していたので、一緒に連れていこうとしたのかなーっと、ほんと急に、急変したことを思うと、今までそんな話はよく聞いたことがあったが、そう思わずにはいられなかった。

入居した当時は夫は「すまないから」と2つベッットを並べて、仕事が終わると23時過ぎに帰り。6時頃より一緒に起きて、部屋をウロウロ、廊下をウロウロする妻について歩いたのである。

私に会っていろいろな会話をし、最後に話されることは、「正江を置いては死ねないなー」と。彼女はその頃より感じるのか、誰も話さないのに「お父さん死んだ」と話している。彼女はもうすぐで入居8年目になる（73才）。

今まで面会に来ることもなかった息子さん、娘さんに支えられ生きていってほしいと思う。

「お茶がほしい」トロミをつけて、恐る恐るゆっくりと。状態の良いときは口へ運んでいる。

入居者さんとの別れもあるが、その人を一生懸命支えた人との出会いがあり、そして別れがあることも他のお仕事をしている方々以上に味わうことは多い。

息子に玉子チャーハンを　食べさせてくれた人

まだ入居され1年未満のRさんは女性で83才。重度認知症。家族介護をしていたが、昼夜逆転、48時間睡眠とらず他動的であり、家族交代で看ているも、主介護者である長男も倒れて、これ以上無理となった。他の施設、病院にも入院するも引き受けてくれず、私の息子の友人より、電話で相談があり、その後入居となる。夜間日中共に大声を発し、暴言を吐いたり、コンセントを壊したり、クローゼットを壊したりといろんなことをしている。けがをしないよう全荷物を外へ出している。今まではフトンで寝ないでゴロゴロしているので、2枚のフトンを敷いてどこへ転がっても大丈夫なようにして、それでもハイハイして行くのか（歩けないので）フトンのない所で、横になっていることが多く巡視毎にフトンへ。

オムツ交換をし、起きているときは声掛けし、寝ているときは、「すみませんねー。オシッコ出ましたか？」など小さな声で話しかけて交換していく。それでも大声で怒鳴られ、ヘルパーさんが「ごめんね。起こしたね。オシッコ出ていたから取り換えましたね。おやすみなさい」

本人「わかればいいんだよ。ハイハイ」と言われ静かに退室する。睡眠もムラがあるなら食事摂取にもかなり抵抗もあり、また食事摂取時間になると、ウトウト寝始め、不機嫌だったり、摂取してくれない日々も続き、胃瘻を作らなくてはいけないかと心配していたが、あきらめないでミキサー食を食べさせていたら、最近一人でスプーンを持って一生懸命、時にはお皿まで舐め始める。

「せんべい食べたいなー」

「ほれ、ほれ、みかんがあるじゃない」と

食べたことを2分後には忘れるけれど、この方は20年前には私の息子たちがおなかすかして遊びに行っていると、おいしい玉子入りチャーハンをもてなしてくれたのである。「おれ、このおばあちゃんにおいしい玉子入りチャーハンを食べさせてもらったんだよ」と。母親として初めてこの子もたくさんの暖かい所で育ててもらって来たんだなあと私は思う。やっぱり相談されて断れない出会いとなったんだなーと知ったのである。でもそのとき、昔の暖かい思いを忘れないでいた気持ちがとても嬉しく、この子も私にだんだん似て来てるなーと思えた。

息子に出会うと、「ほれほれ、良く来たなー」と自分の孫と間違えているのか？　でも嬉しそうに会話している。息子はなかなかその場が離れられず、

「また来るからねー。たくさん食べて元気になってよ」

「ほう、もう帰るのか。寂しいなー」と話され、とても私たちと交わす会話より楽しく、ツボにはまっているのだ。

やっぱり口からしっかりおいしく食べていることが元気の源なのである。そして排泄

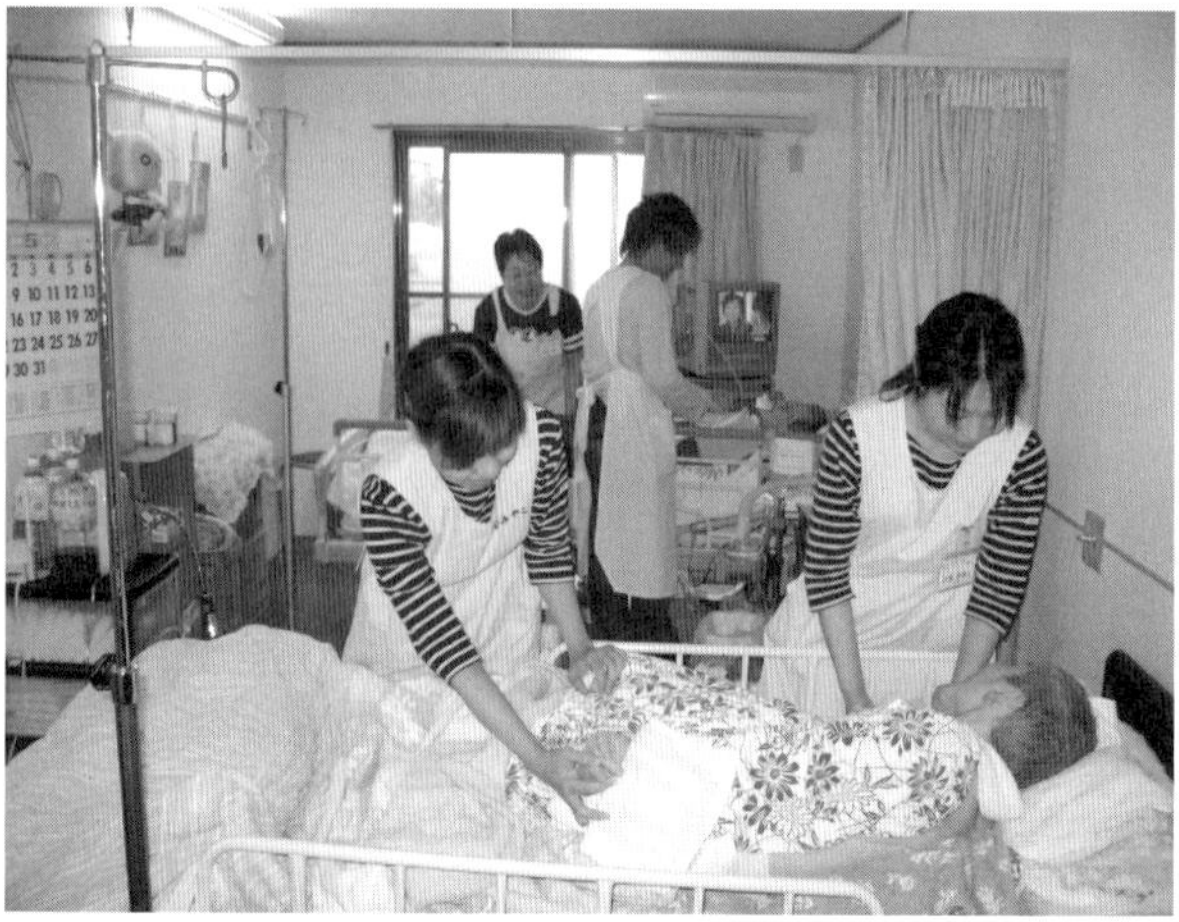

チェックをすること。夜中に衣類を全部放出し、部屋が散乱していてこりゃ大変だ。でも他の人も見に行かなくてはと思い、

ヘルパー「○○さん、明日片付けるからねー」と話すと、

利用者さん「このだらしないこと。片付けもできないのか？」とひどく叱られたそうである。

その人それぞれの人生での出会いが、またここであり、何かの形で思いで返せればと私は思い、お世話させていただいている。

なかなか人に世話になることは多くても、世話をして返せることは、なかなかしようと思ってもできることでもないと思っている。

入居してきた生活保護のEさん

80代のEさん女性は、女手一つで子供たちを育て一生懸命働いてきた方である。脳梗塞の後遺症で、手足が動かず、声掛けに声のする方を向いて、見ているがそれも定かではない。胃瘻を造設されており、ＭＲＳＡ（病院内感染）ということもあり、他院では受入れはしてくれず、病院のソーシャルワーカーからの相談で当所の受入れとなった。生活保護を受けているEさんは、何も語ることもなく1年以上をここで過ごした。

来た頃より体に水疱があり、何かと心配はしていたのだが、6ヵ月位した頃には手足へたくさん水疱が出始め、皮膚科を受診した。

その総合病院の皮膚科から国立医療センターへ転送。類天疱症と初めて聞く病名である。てっきり入院させていただけると思いきや、再度、救急車でみのりホームへ帰って来たのである。大量のプレドニン投与が始まり、軟膏を処置した。手足からの小さな水疱が水ぶくれとなり、くずれ、それが乾燥していく。新しい皮膚になるまで感染を起こさないようガーゼ処置が始まるのである。ガーゼ、包帯を透し、タオル、シーツまで浸出液は浸透し、とても大変なことへの始まりであった。こんなとき、どうしてこんな重症な人を国立病院では看てくれないのか？　ととても困惑するところである。

それでも皮膚科の医師の指示を仰ぎながら、処置毎に包帯は洗濯と消毒をし、朝、昼、夕と取り替える。そう、火傷したときのような皮膚の状態である。そっと一枚の紙を剥がすように、少しずつ消毒液をつけながら剥がすのだが、痛いのか足はいつもは動かすことがないのに、スーッと引いていくのだ。

「今すぐ終わりますから。気持ち良くなりますよ」見ているだけでこちらにも熱感が伝わりそうなくらいに赤々と皮膚がむけ、タラタラと水疱からは栄養分が落ちていくのである。

包帯の交換後はあまり汚染するところには平らな紙オムツフラットを敷いたりし、ガーゼ交換が終わると軟膏の冷ややかさもあり、また元のおだやかな顔となったのが忘れられないである。その後も声掛けしていると、何も語れない、話さないと思っていた人が、「はい」と言って下さるのだ。このときの感動は今も忘れることはできない。

人は話せなくてもやっぱり肌で感じ、ズーっと聞こえているんだとラジオをつけたりしてはいたものの…本当はみんなわかっていたんだ。とても痛いことも、「ここであなたのことをしっかり看るから心配しないで下さい」も、もしかして聞こえていたのかもしれないと思うと、熱いものがこみ上げて泣けてしようがなかった。なぜこんな医療処置の必要な人を国立病院は受け入れられないのでしょうか？

本当にEさんが戻って来たときは、みんなでビックリ、がっかりもしたものである。急性期だけでもしっかり看てもらえれば、随分痛くなく過ごせたかもしれないのに。とても日本の医療の貧しさを感じとった。その後、皮膚科は完治したものの、それから約6ヵ月後に永眠されました（平成16年3月20日から17年5月9日までの1年2ヶ月間、入居されていた）。

私のところへ入居されるまでには、病院や、グループホームを断られ、本当に家では看られず、困っているかけ込み寺かもしれない。病院のように期待されてもできないこともたくさんあるかもしれないけれど、その人の持っている生きる力をしっかり守っていくことと、家庭的で、自分の家にいて、安心して過ごせる居場所づくりを、これからもみんなでつくっていきたいと思う。

Zさんの淋しさを埋めてあげたい

今年に入り、また新しい入居者さんがあった。結婚後すぐ、20代で脳腫瘍手術を2回受けている彼女は、末端肥大症となって身長が5cm伸び、手・足・顔も普通の方に比べて大きい。声かけ、会話も何とかOKだが、車いすにかけていると体や足が痛いらしく、「痛いんです」と訴える。

当初、ここへ来てどうかな、と考えていた。元いらしたホームへ見に行くと、まるでホテルの広いロビーのような、みんなでくつろぐことのできる場所があったり、食堂もきれいで、それを、なぜ私のホームへ連れてくるのか不審であった。理由を聞いてみると、入居期限があってもう出されるということと、現在私のところへ入居している方の話を、家族から聞いて紹介されたという。しかしそれでも、本当に環境の変わることが、この人にとって良いことなのだろうかと、とても考えさせられた。

やはり、家族に決められ、本人は「よくわからないから…」など、いろいろ話される。まあ、お金が安いにこしたことはないけれど、家族が思っているほど、本人はわからなくも知らなくもない。周囲をよく見ているし、本当にここは安心していられる場所かどうかも、最初に来た日からその人なりによく観察している。

私が「どうですか、ここは？」とゆっくり声をかけると、本人は少したどたどしい言葉で「みんな優しいし、食事もおいしいですよ」と話された。

彼女の夫は、すでに80歳を過ぎていたが、車を運転し、入居が決まるまでは何回もいらっしゃった。なかなか空きもなく、ただスタッフの関係で2部屋は空きとして、その間にリフォーム（壁紙を貼り替えたり、電気を目にいい位置に付け替えたり）をした。

先に書いたように、大抵は3ヵ所くらいの施設を行ったり来たりし、私のところへ入居するころには介護度も進み、ほとんどが4から5になってからお会いすることになる。そのため、両足も拘縮して真っ直ぐ伸びず、自力で体動はできない。体重はかなりのものになり、車椅子へ移動するのも2人がかりになってしまう。

彼女の部屋を訪れると、いつも入口をじぃっと見ている。淋しいのかなと思い、声かけをすると、「誰が来たか、見ていた」という。私は、きっと夫のことを待っていると思い、「だんな様には、あなたのことをお話ししていますよ」と話すと「ちっとも来ない」との返事。

「私からまたお話しして、来ていただきましょう」

やはり淋しいことは、私たちではまだまだ埋めつくせないなあと思い、電話でお願いしたりする。足の曲がりや腰の痛みは、マッサージしたり、さすったり、痛み止めを塗ったりし、様子をみる。

食事は、何とか車いすに乗せ、自力でゆっくりと摂取している。のどをつまらせないよう、ミキサー食にしており、時折ナースやヘルパーさんが見守り、むせはないかなどを見ている。食後は口腔ケアをし、30分は車いすで過ごすようにしており、その後ベッドへ。しばらくしてオムツチェックをし、退室する。

妹さんがみているWさん

Wさんが入居から2週間くらい前にいらしたとき、部屋は改装中で、まだ受け入れするスタッフもそろっておらず、他の方の入居依頼もあったので受け入れるつもりはなかった。しかし妹さん夫婦が再度一緒にいらしてお願いされた。

独居でALSというのはどうしても心配で、はじめは事務長との面談で、体よく断られた様子も話された。また、日中立ち上がって足を捻挫し、一人で起きれなくなっているという。その話を聞くと、どうにも私には断れなかった。まだ呼吸器は装着しておらず、胃瘻は造設されていた。急いで、先に入院した国立病院から病気の経過や現在の状態を紙面で送っていただき、松本Drと相談、入居の運びとなった。

一人生活で、ヘルパーさんがおむすびとおかずを作ってくださるものの、食欲がないのかあまり食べられないとのこと。そりゃ胃瘻を造設しているくらいだから、食べられないのも仕方ないだろうと思うが、どうも胃瘻からは何も入れたことがない様子。どういう状態の人なのか、よくわからなかった。

いずれにしても、当ホームに入居となった。2人に支えられて車から出て来たWさんは、自力で立つことも困難だった。頚部（首）も自力で支えることができず、ポリネック（交通事故でむち打ちのときなどに首に巻くもの）を装着している。それでも顔は、うつむき気味だ。

早速、Wさんを車いすに載せ、2階の（当ホームにはエレベーターがないので、ヘルパーが2人がかりで持ち上げる）お部屋へ。ヘルパー、ナースが訪室し、本人より、情報提供では知りうることのできないことや入居時の様子を聞き、書きまとめておく（入居時情報）。

その日は、食事もまだどんな形で提供すればいいただいてくれるのかよくわからず、いつもよりてんやわんやだった。でも、Wさんが「食事はとてもおいしく、温かいのをいただいたのは久しぶり」と嬉しそうにしていたとの報告を受けて、私も「ああ、良かった！　まだ食べられるんだ」と、嬉しいと同時に安堵した。

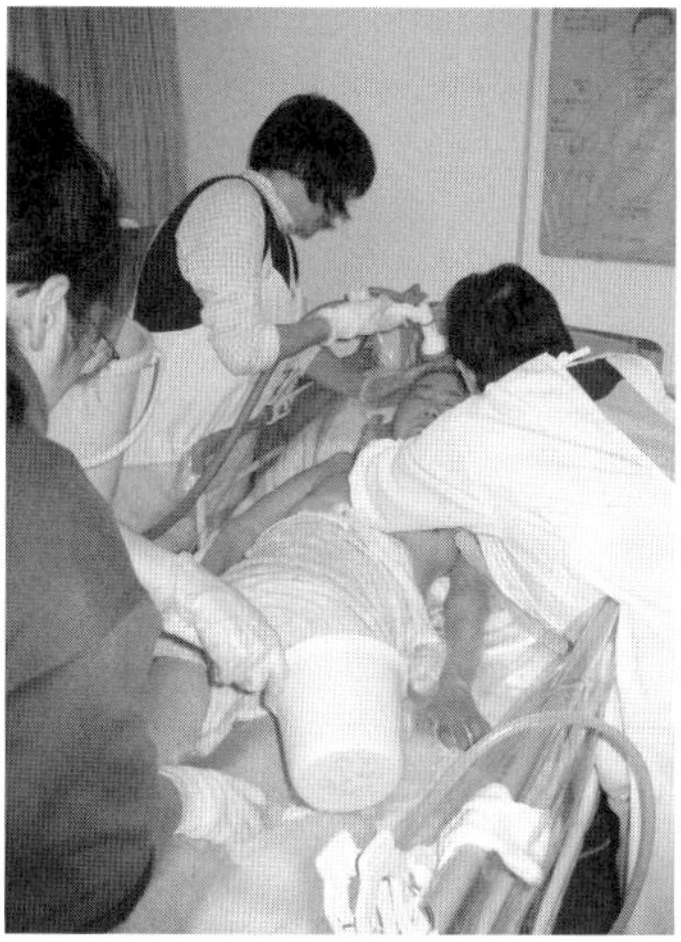

「Wさん、いつまで食べていけるかな…」と考えると悲しくもなるが、私よりもWさんの方がもっともっとつらい気持ちでこの病気と向き合っている。そう思えば、私たちスタッフはしっかりと受け止めて楽しいこと、今できること、嬉しいことを探しながら、今しかできないことを見つけ、生活していきたいと思う。その日は移動の疲れもあり、体の痛みを訴えておられたが、「一日休んだことで、随分楽になりました」と笑顔も見られた。

やはり「褥瘡予防のマキシフロートマットの方が良かったのかなー」と思ってみたりもしたが、もう少し様子をみることにした。しかし、痛みは仙骨だけではないので、やはり円坐使用だけではつらい。それで、マキシフロートのマットに交換してみた。

食事は両手と、飲み込みがOKなので、むせることなく摂取できている。排泄は介助にてポータブルトイレでできている。暖かい日差しの出ている合間にヘルパーさんたちと一緒にお茶に行きたいなーと思っている。

まだまだ続く出会いと別れ

ある日、U病院より気管切開、低酸素脳症による意識障害。糖尿病にてインシュリン施行の患者さんのQさんのことで、U病院の総看護師長さんと家族が入居希望で、見学に来られた。私は今年から木曜日が休みが取れているので、夕方来てみると事務長は、「今日はてんやわんやでしたよ。やっぱ所長が居ないと大変です」と早口で、まだまだ仕事が忙しそうにしていた。

せっかくお見えになったのに、お会いすることができず残念だったなーと思っていると、次の日電話があり、

私「すみませんね。お会いすることができなくて」

総看護師長さん「やはり患者さんを送り込むんですから、ちゃんとこの目で見ないと、

家族にも了解していただきたいので一緒に行かせてもらい見学しました。あなたのパワーはすごいですねー」と。イヤイヤ私の方が電話の向こうからバリバリのやり手、総看護師長さんが伺えました。介護保険書を持っていないので、その手続き申請のお願いを自ら役所へ行ってお願いしてくることなど話し、電話は切れました。

また、難病の若い方は家で夫が看られるというので退所。父親は「心配でしばらく部屋を確保してほしい」と言われる。

ナースコール頻回のGさんは、入居する前入院していた国立H病院より措置入院が決まり急に退室となるため、ちょうど、また入居者が決まったのだ。

イヤな思いもしたけど、1回呼んで3分後コールしたいとき、次のして欲しいことも一緒に言ってほしいこと。ヘルパーさん1人は付けておきますか？　には鬱陶しいからイヤだと言われ、コール対応でしたが、だんだん少なくなり、退所頃には1日50回位のコールになった。看護師長の声掛けなどで、本人の頑張りと努力で少しずつ変われたかなーと思う。

でも確実に、少しづつ病気の進行は私たちではくい止めることはできない。本人も、ご家族の大変さは並のものではなく、想像を絶するものだと思う。何度も泣くことがあったと思う。お母さんが、この子を背負い、何十ヵ所もの病院を廻ったと言っていた。まだまだ終わりはなく、また、新たなところで、お母さんは子供と向き合い、新しい人たちがHさんのケアに慣れるまで本人もお母さんも新たなる挑戦が始まる。

私たちもやっと細部にわたり、全スタッフがわかるようになったのだが、それでも決めるのは本人であり、家族なのだ。ちゃんとした大きな病院へ戻れて良かったと思う。でも、それなら初めから病院は出すことなく、きちんとケアして下さるといいですね。

ともかく私は、今の50人前後のスタッフの生活もかかえているのだ。そのことも考えながら、看護・介護の質が低下をしないよう、できないスタッフには1人でも、患者さんがいない手のすいたに、ゆっくり係わり教えてあげることも必要だと思っている。

第三章

命ある限り
患者さん《あなた》と一緒に歩む

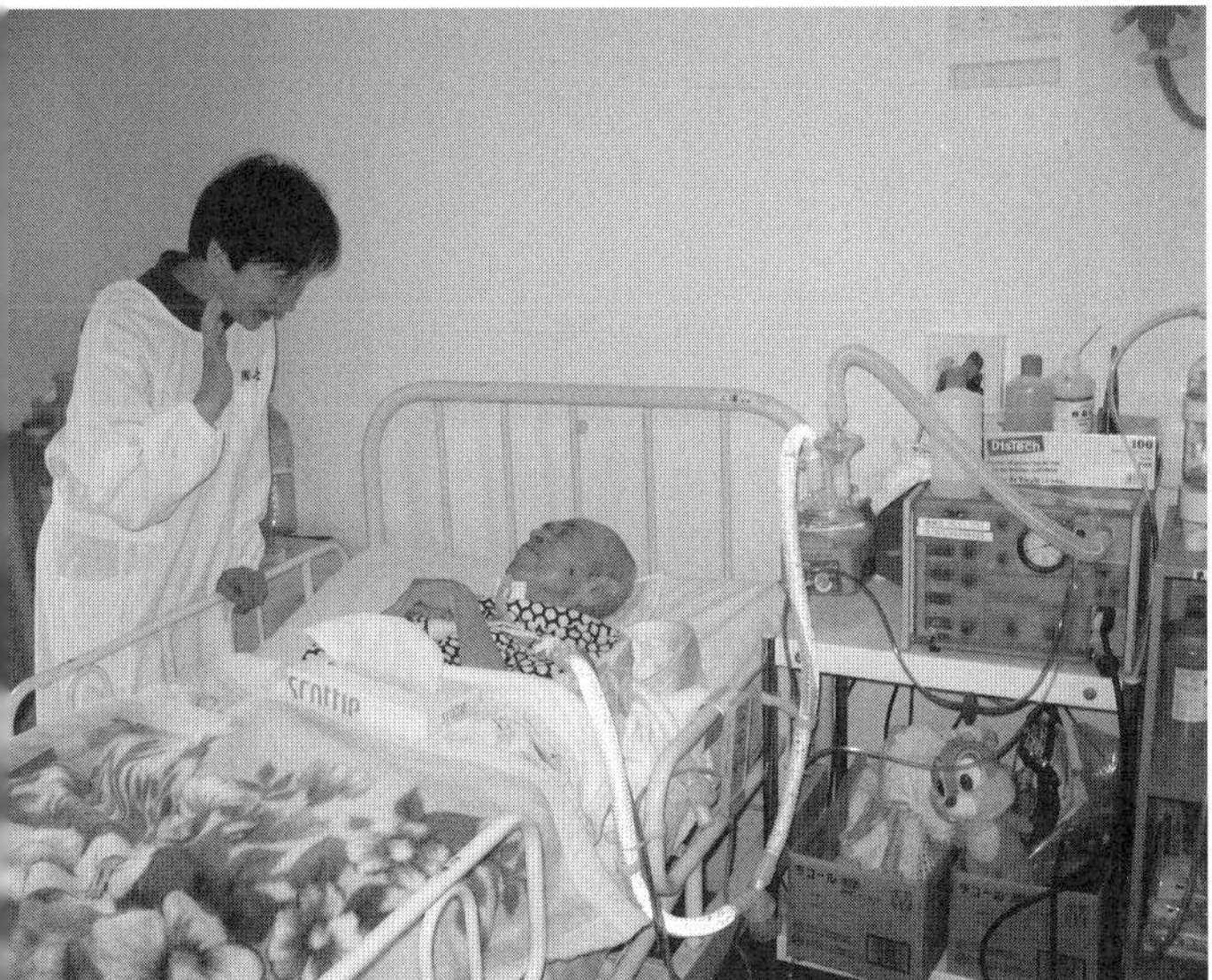

"最後の場所"であるために

この8年間、本当にゆっくり休めた日はあっただろうか。365日毎日患者さんのこと、経営のこと、スタッフのこと、次への飛躍を考えていた。

初めは、頑張って来た人たちが、まだ人の手を必要とし、退院を迫られ、自宅へ、次の施設探しと奔走し、また3ヵ月したら、どこへ連れていこうかと探している家族に胸を打たれた。患者は物じゃないよ、しっかり頑張った人がちゃんと心配なく過ごせる居場所があるべきなのに——そう考えるようになった。

みんなの生活センター、それは病院ではなく、家でもない。でも家族が安心でき、一人で過ごしていた人も心配なく、一生過ごせる居場所――。治らない病気になっても、安心していられる場所づくりがしたく、何年も前から難病ホームの計画を温めていたのだが、なかなかその事業構想と、必要資金、それと新しいホームを担う若い看護師の人材を育てなくては開設できないと思っていた。

私の疲れを吹き飛ばす原動力

でも私にも、やれるときがあるのではないだろうか。日々温めてきたものを、どうやって実現したらいいのか。本当に悩んでいたとき、前訪問看護ステーションで同僚だったあこがれの看護師多田さんに出会った。在宅患者や家族への対応や気遣い、そして細かい看護技術までも教えてもらった。また一緒に仕事できるようになり、私はたくさんの力を与えてもらった。

「みのりホーム」は、病院でも特別養護老人ホームでもない。普通のアパートと同じで、そこに訪問看護ステーションと支援事業所を併設している。施設内では家庭的な雰囲気を大事にしており、ヘルパー、看護師、施設長が分け隔てなくエプロンを着用。その人が一番必要としている時間にサービスを提供し、あとはボランティアで患者さんにかかわっている。また、入所者が利用できる制度・保険は、介護保険、居宅介護支援費、国民健康保険、社会保険、特定疾患受給者証などで、在宅で使っている保険は、ほぼすべて使える。

1999年1月に入所者7名で開所したが、当初は介護保険の始まる1年以上前だったので、スタッフの給与や月々の支払いをすると私の給料はなく、借金だけが増えていった。ただ、介護保険が始まれば今より安い利用料でいつまでも利用者さんを看ていけるという自信もあった。営業して5年間は1日3時間ぐらいの睡眠しか取れず、体調が悪くても仕事に出なければならないときもあった。それでも入居者や家族の方に「いい所へ来た」と言ってもらえる喜びが、私の疲れを吹き飛ばす大きな原動力となった。

やがて、難病の方々も国立国府台病院や国立東病院、その他総合病院などから次々と紹介されるようになった。6名の呼吸器管理から始まったものの、一人の患者さんに対

応できるまでには（慣れるまでにはお互いに）３〜６ヶ月かかるため、新しい入所者が入るまでにはそのくらいの期間を空けていた。ただ、どうしても困り果てている方は例外もあり、新たにヘルパーなども募集し、全スタッフで取り組んで来た。

看護師がなかなか来てくれず、困り果てていた時期もあったが、今は私と変わらず全スタッフが全力投球できる看護師・介護者である。時にはゲラゲラと笑い、時には患者本人が泣いているときに自分たちも涙をいっぱいにためて、一緒に泣いたりしている。

みんなともに成長してきた仲間たちだが、特にヘルパーさんの力のつけようには目を見張った。最初はおむつ交換もままならず、「この人、本当にこの仕事できるのかなぁ」などと心配したものだが、リーダーヘルパー、ヘルパー長の指導の下、しっかりできるようになった。声かけしながらおむつ交換・陰洗（おしりを洗うこと）、食事介助（呼吸器つけてミキサー食を摂取している）など、手際よくこなしている。

ヘルパーさんも慣れるまでは、グッタリ疲れて、家路に帰ることもあったと思う。入居者の方々で、自力体動できない人には、朝の洗面、顔拭き、口腔ケア（歯ブラシ）、手足が冷たくないか触ったりさすったりと、本人に聞きながら施行していく。シーツバスタオルはシワ一つないように心がけ、部屋の温度・湿度（部屋に埃取りと湿度を上げるためにフェイスタオルを掛け、それを朝・夕2回、湿っぽくないか確認）を調整する。

その他、部屋の掃除、洗濯、一人の人間として生きていくために必要なこと全てを全職員が行う。そして、いかに気持ちよく、寝心地よく生活でき、毎日を過ごせるようになっているか、呼吸器へのトラブルがないかをチェックする。気管切開している人たちは言葉が発せず、文字盤での会話となる。目で追って次の文字（探したい文字）のところでまばたきし、決定する。ほとんど手足が動かないため、意志の疎通はこの文字盤で行う。全スタッフが根気よく気長にこれで会話をする。私は、口パクでほとんど分から

入居者さんや家族、スタッフに配布しているレター

夢ホームだより　No. 2　2004.6.

三郷市早稲田 8-23-30
TEL　048-959-6713

☀入居者さんと職員の一日☂

4:30　早起きの人、ゴトゴト物音
5:00　リビングへ誘導、着替え、洗面.
6:00　夏でも冬でもシャッターを開け、全員を起こし、トイレ・洗面・着替えなどをしていただく.
　朝食準備のため早番の職員が出勤､7時までに全員食堂に誘導
7:00　朝食—いただきます！
7:30　口腔ケア、義歯洗浄、トイレ誘導
8:00　満腹のため、ウトウト始める
8:30　日勤の職員が「おはよう」と出勤
8:45　夜勤者より昨夜の申し送り
9:00　全室掃除、トイレ誘導
（火曜日、金曜日は午前中入浴）
10:00　お茶タイム
10:30　早めの散歩または遊びが始まる。カルタ、トランプ、おどり、民謡、ボール遊び、折り紙などいろいろ。
11:30　トイレ誘導
12:00　昼食—今日もおいしいものばかり！
12:30　口腔ケア、トイレなど
13:00　お昼寝タイム
14:00～15:00　散歩または遊び
15:00　3時のおやつ—今日は何が出るのかな？
15:30　体温・血圧測定
16:00～17:00　遊び・おしゃべり、トイレ誘導。動き回っていたら散歩
17:00～17:30　食事準備
17:30　夕食
18:00　口腔ケア
18:30　パジャマに着替え
19:00　早めの人は「おやすみなさい」
～20:00　自室でテレビを見たりしている
21時までには全員おやすみ
22:00　1:00　4:30
トイレ誘導、オムツ交換、体位交換など
（トイレは個人差がありますから、いつなんどきでも連れて行きます）

✿ジョークが飛び出し、笑いがあり、怒りもあって、毎日いろんなことがあります。それが日によって違っているので、職員はとまどいながらも対応に努力しています。

介護日誌から　　みんなで書き込んでいます

2月22日　Aさんと公園のまわりを一周し、なかで座って過ごす。日曜日で親と縄跳びや一輪車を楽しむ子どもがいた。それを見て笑顔を絶やさぬ優しいAさん。

　ホームの庭でひなたぼっこや草むしりをされるTさん、Yさん。Iさんはリビングから、それを眺めながら日光浴。

夕食後のひととき、Nさんご機嫌が良く、会津のなまりを披露し、周りも笑って過ごす。

2月23日　Iさん、今日はやたらに服を脱いでしまおうとされる。シャツのボタンを外し、そのうち上着を脱いでしまい、何かにこだわっている様子。暖かい日なので、しばし見守るスタッフ。勿論、タイミングを見計らって着ていただきました。

2月29日　3時に、お好み焼きをいただく。初めてという人、お店には行ったことがないと話される人。でもみんな、おいしいおいしいと食べられていた。

3月10日　Mさん、Yさんと三郷公園にドライブに。桃の花を見て「きれいだね」、梅の花には「いい匂いがしている」と言う。ジュースを買ってきてあげる。

3月11日　庭内の桜が咲く。2度目の春。6月がたのしみ。サクランボがなるんです！夕食後、一人になってもテレビに見入るYさん。口元がとても優しい。(私も誰からも好かれる、あんな〈可愛いおばあちゃん〉になりたい。なれるかな？)

3月15日　12時45分ごろ、うたた寝から起きたAさん、Mさん、「食事」と言われる。「今、食べた後ですけど」と言うと、二人とも大笑い。全員、アハハハハ……。

3月31日　吉川の沼部公園にお花見に行く。手作りのお弁当をお腹いっぱいに食べ、花より団子かな、と思う。天気も良く、元気に全員行けたのが一番。帰ってからも、おいしかったゴボウ、タケノコなどの話。また行きたいと、何人もが話されている。

4月1日　松本クリニックで全員受診する。毎月第1と第3木曜の午前中。ほとんど変わりなく、元気と言われる。Sさん、血液検査の採血で、「痛い！」と泣き叫び大変でした。

4月3日　みのりホームの前にツクシを採りに行く。たくさん採れて、みんなでハカマと頭を取り、キンピラにして夕食にいただく。春の香りでとてもおいしかったとMさん。

4月4日　散歩の後、近くの喫茶店でお茶をいただく。口々においしかった、良かったと。

4月26日　ポパイラーメンに食べに行く。とてもおいしかったと好評。

サクランボが少しずつ大きくなってきている。色も付いてきて、やがて食べられる。イチゴも色づいてきて、食べられそう。

5月1日　晴天、散歩。田植えが始まっているところを見ながら散歩する。空には鯉のぼりが風に吹かれている。スタンダードのものから、金、銀のまでいろいろ。上を見たり下を見たり、いそがしく散歩する。3時には、柏餅をいただく。

5月2日　五月人形の短冊をつくる。かわいくできたと大喜び。「チャンとくっついてくださいよ！」「落ちちゃだめですよ！」など、紙人形に話しかけている。

5月20日　増築していた部屋が完成。下が3部屋、上が2部屋。下の入居者はもう決まっている。22日に村田さん、23日に松川さんが入居される。みなさん、よろしくネ。　(以上)

人工呼吸器装着ALS療養者の療養支援の実態　看護内容

呼吸器装着・管理　口腔ケア　30分～2時間毎のサクション（吸引）
バルン挿入　膀胱洗浄 3回/週　ウルトラネブライザー 3回/日
ROM（可動域リハビリ）　四肢マッサージ（訪問マッサージ・PT.ST）
DIV（点滴）　文字盤にて会話　GE（浣腸）　ガス抜き
入浴（1回／W　B.Bベツトバス）　胃ろう　BiPAP　肺ケア
M・T（マーゲンチューブ）挿入⇒栄養管理　ミキサー食介助

※Dr指示にて、何ら病院と変わらないです

ないことはないが、それもできない人がいる。

これまでに当ホームで看てきた難病の方々は、ALS、脊髄小脳変性症、シャイドレガー、パーキンソン氏病、副腎白質ジストロフィー、筋ジストロフィー、無気肺など。はじめは、やはり手技・技術・能力ともに大きな病院より劣っていたかもしれない。でも、それ以上の看護を目指すために、私自身、看護協会や県、人工呼吸器メーカー主催の研修などへ参加し、いろいろと学ばせていただいた。また、講演したりし、何とか力をつけて来ては、スタッフを集め研修発表をし、学んだことを再度報告することでみんなのものとし、生かしてきた。その結果、治癒しない患者さんの事を考えると、どこまでが成果と言えるかわから

ないものの、病院にいるときより安心した表情が見られるようになったと思う。

みんなに助けられて

みのりホームはその後もさまざまな入居者を迎え、現在では26床、スタッフ50名を抱えるまでに成長した。また、2003年2月には新たに認知症の方中心の施設『夢ホーム』を開所し、こちらは10床、スタッフ11名を抱えている。

施設を運営する上で困難なのは、①すべてを自費でやっているため、金銭面のやりくりが大変なこと、②国からの支援や援助がないこと。また、なかには1日100回のナースコールをする患者さんがいたり、呼吸器装着の患者さんにミキサー食を朝・昼・晩と3回の食事介助をしながら、命を守ることのすごさを感じている。

今後の目標としては、①新しい技術の習得、実践・経験の充実、②その人の持てる力が最大限に発揮できるようにしながら、生活の自立と質の向上を目指す、また家族との信頼関係の充実を図ることだ。

ここまで来るのに、本当に多くの人たちの支えがあった。他のスタッフと一緒にいろんなことを相談しながら食事し、午後は「こうしてみよう」「あれは、こうしてみたら」と話し合い、ミーティングを重ねた。そうして、何とか全スタッフを引っ張ってくることができたような気がする。

また、スタッフだけではなく、往診に来てくれる松本Dr.にも大きな力になってもらっている。まだ若く（と言ったら失礼だが、本当に若い）1日3回も来てもらうこともある。夜間も調子が悪い患者さんへの電話コールに、嫌な顔ひとつせず、フットワークよくバイクですぐに来てくれる。

本当にみんなに助けられ、頑張っているホームである。心からみんなに感謝している。

看護教育への道へ

そのスタッフの中で、ヘルパーだった人が次々と看護学校を受験し、合格する人も多くなってきた。そして、「お母さんと一緒に頑張る！」（スタッフや患者さんを含めたみのりホームの人々に、私はいつしかお母さんと呼ばれるようになっている)、「やっぱりここで働いたことで、看護師になろうと思った」などと話してくれたりする。

そんな言葉が聞けたとき、日本のどこかで私のしてきたことが、難病や高齢の家族が頑張っている人々への手助けをする見本となれば、あっちこっちに私のようなセンターがあってもいいのではないか、と思うようになった。

また、早稲田大学卒業後、大手企業に勤めていたJ君は、シャイドレーガーの父親の見舞いに度々訪れてきていたが、社会的ストレスで引きこもりになってしまい、精神科に通うほどに参っていたようだ。母親も心配でお父さんのことだけではなく、息子の病(?)の相談もしてきていた。

私は、素直そうなJ君が父親の世話をしている様子を見て「そろそろ社会に出てみたら?　うちで働いてみたら?」と誘うと、とまどいながらも働きだした。残念ながら父親は他界してしまったが、ヘルパー資格もとり、今は看護学校に通いながら週末働いている。

その人たちに後押しをされたように、私は教育者として、もっと看護の楽しさをわかってもらえるのではないか、と考えるようになり、看護学生実習指導者資格を取得した。
そのことを通して私が学び、考えさせられたことを、ここに紹介したいと思う。

専門職業人として学ぶこと

「患者が語ろうとしていることを、あなたが知っていると思い込んではいけません。活動的に参加し、一つひとつ仮説を検証し、一つひとつ事実を確かめて何を語ろうとしているのかを見出すまで、あなたは知っていないのです」

アメリカの精神科医・サリヴァンが唱えたこの言葉に、私はハッとさせられた。自己表現のやり方にもいろいろあり、このことを対人関係の基本的視点として捉えなければならないのだ。

指導者として患者さんをよく知るには、観察することから始まり、励ましや誉める言葉が大切となる。そして、適切な評価をする。一番よくないことは、評価しないことだ。

看護学生実習指導者たち

看護課程では、たくさんのカリキュラムが組まれており、平成9年改正による新しい教育内容では、科目数ではなく、時間の定めなく、単位数それぞれにおいて本当に教えるまでの道筋や、自分の学ぶ姿勢をとることの大切さを知った。以前は1単位に45時間を必要とすることとさえ知らなかった。

赤十字看護基礎教育理念の豊かな人間性と看護に関する幅広い能力を兼ね備えた実践者を育成すること、これは全看護者に通じると思う。専門職業人としての必要な知識・技術・態度を習得し、保健・医療・福祉の分野で活躍のできる資質の優れた看護実践者を育成することもまた、全看護師に言えることだろう。いかにしたら看護職としてできるようになるか、指導者が問われると思う。

生命倫理とインフォームド・コンセント

私は以前、「生命倫理」と聞くと、簡単そうでありながら説明しにくい内容と思っていた。しかし専門の講義を聴くことで随分自分の中で消化されたように感じる。一番人を人として扱うための原理がどうあるべきか、そしてそれは同時に、おおげさではなく、私自身がどう生きるか、どんなふうに何をすべきかを問われた思いがする。

講義では、バイオエシックス（医療や生命科学に関する倫理的・社会的・哲学的・法的問題やそれに関する問題をめぐり研究する学問）の成立に影響し、数々の出来事や実験、研究を通して説明してもらったが、まず最初に驚いたのは「ヒポクラテスの誓い」である。

ヒポクラテス（紀元前460年~紀元前377年）は古代ギリシアの医師で、原始的な医学から迷信や呪術を切り離し、科学的な医学を発展させた人物として知られている。また、医師の倫理性と客観性を重んじ、これは「ヒポクラテスの誓い」として現在でも医師の倫理基準として受け継がれている。「自身の能力と判断に従って、患者に利すると思う治療法を選択し、害を与えたり不正を行ったりしない」という内容の言葉が、紀元前4世紀から語り継がれていたことのすごさを改めて実感させられた。

バイオエシックスでは、何をもって基本かというと、ひとつには自立の原則が挙げられる。そして、バイオエシックスの考えに沿ったインフォームド・コンセントが広く認識されるようになってきたが、情報の開示ではまだまだ問題点はあると思う。医療、治療にかかわること全部が本当に見られてよいのだろうか。治療内容、内服、注射に対しどう思うか、開示されている内容で問われたとき、副作用など統一して答えられるか、信頼関係が築かれていなければ、どんなことを説明し納得されてもうまくいかないことはある。価値感の違いにより、でも身近にある事例を通して、人を人として尊重しながら、ちゃんと説明することが大切なのだろう。倫理は議論を通して変わっていくのならば、自分が何か行動をしようとするとき、尊敬され信頼してもらえる自分になりたいと思う。

私の看護観

「実習指導者の質で、看護の質が変わる」——このことは、とても大切で、重みのある言葉だと思う。私もそのことを日々感じながら、同時に学ばせてもらっている。

「看護とは」と言えるようになる援助を通し、そんな人がたくさんできたらいい。また、そんな人を育てていくことが、私たちの仕事だと思う。

援助を必要とする人に、精神的・身体的ともに必要なだけの、その人のニーズに合った看護を模索し、感知できるようにしていくことが、私たちの仕事だろう。本当に勉強したことが現場で生かされるように、また教科書通りにはいかないこともあるので、それにより戸惑うことのないよう、指導することができたらいいと思う。

看護観では、ナイチンゲールの3つの関心もすごい。

（1）その症例に対する理性的な関心（知的な関心）

（2）病人に対する心のこもった関心（人間的な関心）

（3）病人の世話と治療に対しての技術的（実践的）な関心
・クリミア戦争など混乱の続く時代に、こんなことを考えていたのには本当に驚かされる。

一方、私の看護観は――と問われても、本当に、すぐに答えることはできるだろうか。今までは、「優しい人」としか答えなかったと思う。それに、基礎がしっかりできて、根拠に基づいて、患者さん、個人の個性を大切にし、その人らしく生きていけるように援助できる人。そして、自分が指導するとき、一番大切にしていることは、苦痛を取ってあげるにはどうしたらよいか、いつも考えられる人になれるよう、育てていきたいと思っている。

素敵なナースを育てるには

看護する基礎を、どう楽しく、教えていけるか。学生の言葉や疑問、思いを傾聴し、受容、共感していく。そして、私の看護観から、どう看護するかを教えられたらいいと思う。

患者の安全、安楽、自立を忘れず、学生の能力に合わせて、学生と一緒に援助したり、離れて見守ることができ、適切なときに適切な指導ができる。学生自身が考え、実践できたと感じられるように、関わることの大切さを伝えられたらいい。学生さんから信頼され、看護の楽しさを教えられる人になりたいと思う。

看護をする上で、私が一番大切にしていることは、患者さん家族との信頼関係である。空いている時間にベットサイドへ行き、マッサージをしたり、手や足に触れながら会話をする。常に患者さんの「思い」を大切にしたいと考えている。

そして私が教えるときに必ず伝えるのは、イヤなこともあるかもしれないが、私たちはしてあげる立場で、どれだけ人に優しくなれるかということ。私の施設は、ほとんどが延命できない人たちである。重症度が高く、誰かが手を差し伸べなければならない。そういう人たちに、「ここが、最後の場所であり、ここに来ることができて、いい人に逢えてよかった」と思われるようなナースになれたらいいと思う。

のんちゃんの心を知る

看護学生実習指導者資格を取得して以来、看護学生を受け入れて育てるとともに、既存スタッフについても看護の質を基礎から徹底しようという土壌が生まれた。「のんちゃん」の雇用も、ひとつにはそういう期待もあった。

「のんちゃん」は近所の洋品店の娘で、知的障害を抱えていた。ある日、その店の主人と話をしていると、なんでも授産施設で働いていたものの、不景気のため、施設での仕事がなくなってしまったという。それを聞いた私は、のんちゃんに社会での仕事をもっと経験させることと、スタッフの教育のために、彼女を雇うことを申し出た。のんちゃんと接することで、知的障害者の心をもっと身近に知ってほしかったからである。

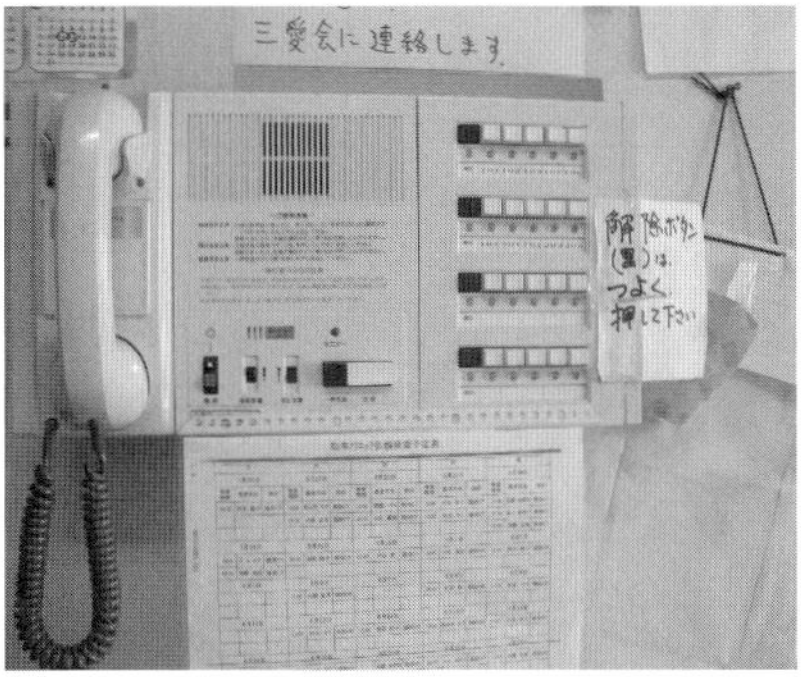

丁度ナースコール頻回のGさんが入所したばかりで、1回呼んで3分後にまたコール、その都度事務所のナースコ

ールで「Gさんが呼んでます」とアナウンスして器械を解除しなければならなかった。その役目をしてもらおうと考えた。

しかし、のんちゃんはなかなかじっとしていることが難しく、結局、2ヵ月ほどで去ることになってしまったが、双方にとってよい経験になったのではないかと思う。教科書を読むよりも、さまざまな人たちと接することの方が、ずっと大切で、勉強になる。

生かすだけではない介護を

私は、生かされているのではなく、もって生まれた命を十分に生かすことのできる場所作りがしたいと思っている。私のところには、呼吸器をつけて、食事のできる患者さんもいれば、しっかりと会話ができ、ナースコールのできる患者さんも、先に述べたように文字盤で会話し、ゲラゲラ笑ったり、目の動きでウィンクしたり、パチパチ目で相槌を打ち、意志疎通ができる患者さんもいる。声かけをするとこっちを向いてくれて、少し顔がほころぶだけで「わかっている、ほらね、私の方を見ている。声わかるんだー」

と喜んだりする。声をかけ、涙を流したり話したりできなくても、それが生きていることだと実感するのだ。

ここに来るまでも、大変だった多くの人たち。そしていい悪いにかかわらず、誰もが父親であり、母親であり、娘であり、息子なのだ。そんな大変な病気を抱え込むことになるとは、家族の誰もが思い及ばなかったと思う。これからも家族と一緒に、私たちもお手伝いしながら、大変な人生が少しでも癒すことのできるよう、いつもみんなで模索していきたいと思っている。

今の時代は、核家族が多く、幼少時代からお年寄りと住んでいる方々は少ない。また、長男や長女、一緒に生活している人たちだけが両親をみていけばいいと思われるような風潮もある。また、なかには兄弟で交代で介護している方々もいるようだが、やはり高齢者が高齢者をみることはとても無理があるように思える。

平均寿命も今や女性は85歳。難病の方々はさまざまな経過を経て私の所へ来るのである。実際にお会いし、その大変さを聞くとやはり断れない。そうしている間にスタッフも増えて50名となり、みんなと一緒だったからこそ私も頑張ることができた。本当に全

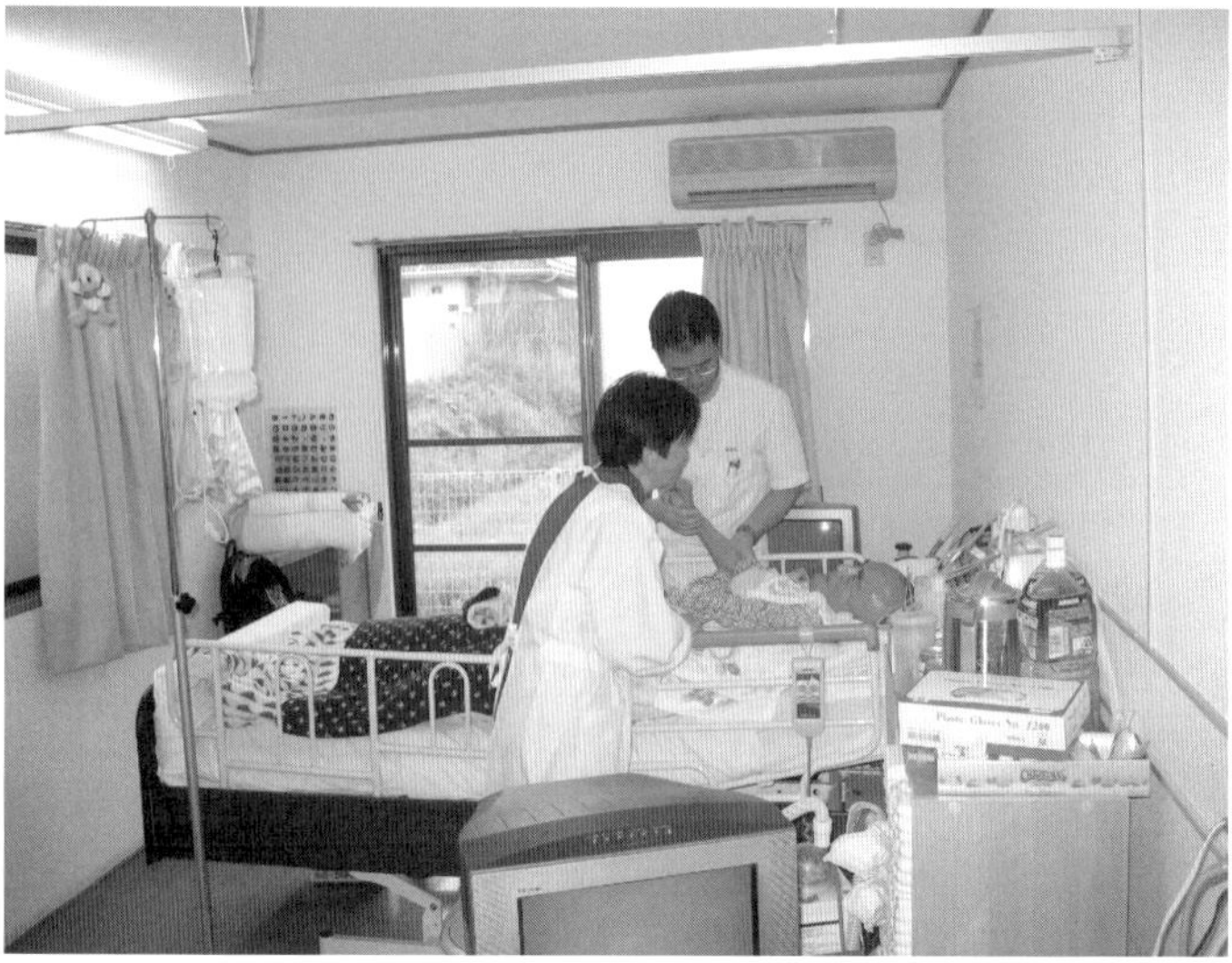

スタッフに感謝している。感謝ついでに、これからもよろしくお願いします。

大変な方々を看護、介護していく間に精神力がつき、優しさが生まれ、感動を知り、だんだんと技術が備わり、介護することの楽しさを知ることができて、たくさんの喜びを味わえる。その一方で、とても悲しいことにも出会い、数々の別れも経験した。また、たくさんの頑張る力をいただき、一歩一歩前へ進める人間へとなっていけたような気がする。

頭がクリアで、体は指一本動かない人を前に、「やっぱり生きているって、生かすだけではないんだ」と心から思えるようになった。

入所中であるALSのお母さんのために名古屋の息子さんが内緒で「みのりホーム」でのサプライズ結婚式

生きているって、生きている実感がないといけないのではないか。

生きているって、生きていることに感謝できる喜びがあっていいのではないか。

生かすって、持って生まれた命を守るって、もっと楽しくあっていいのではないか。

そうした深刻な状況の中に、ホッとできる場所があってもいいじゃないかって思えるようになったとき、そんな人たちを外へ連れ出したり口においしい水を垂らしてあげたり、アメをなめることができたり、お酒が飲めたりしてもいいんじゃないかって思う。

そして、夜休んでいても誰かがいつもいるん

だよ、いつも側にいるよーってわかるホームが欲しくなったのである。
あまり本を読む暇も文才もない私がそんなことを思い始め、また、何年かが過ぎていこうとしている。私にも限界があるかな。休みなしで頑張ることも、自分もリフレッシュしていい顔して働けるのはあと何年なのか？　と考えると、もう年なんだ、と思う。これまでのようにただ突っ走っているだけではなく、いい人材を育てていかなければたくさんの人々が助からない。そんな、おおげさではなくとも、やっぱり人生の最後に「素敵な人に会えて良かった」と思える介護者、看護者になってくれたらと思う。それは、自分自身も常に心していることである。

● マザー夢都子を讃えて

本書の出版に寄せて

「介護」に寄り添う人生

ケアマネージャー　高橋　早苗

桜のように。

埼玉と千葉の県境を流れる江戸川の辺りに「みのりホーム」はあります。昨今の立派な介護施設とは程遠い地味なホームです。

しかし、利用者の多くは他の病院や施設を転々とし、やっと最後まで安心して居られる場所を見つけたという思いで、当ホームに入所してこられる方が少なくありません。ここに至るまでの御家族の御苦労は、経済的負担も含め、とても重いものだったでしょう。

人工呼吸器を装着している方、病のために指先ひとつ動かすことのできない方――様々な病と闘いながら、当ホームで頑張っておられます。

これだけ重症な方たちを、数多く看ている施設がどこにあるでしょうか。

起床時からのきめ細かい介護、手厚い看護、当直者の不眠の看護や介護により命は守られています。これら職員の先頭に立ち、常に全力投球し続けている所長の鈴木夢都子さんは、小柄な可愛い女性です。彼女のどこにこれだけの情熱やパワーがあるのかと思えるくらい、24時間、利用者さんと向かい合っています。ドクターの松本先生が所長の趣味は「介護」と言ったのも納得です。

いい仕事がしたい、いい仕事ができれば幸せ、とばかりに。

彼女は、利用者の御家族から「みのりホーム」に預けてよかったと言われることが、何よりも嬉しいし、その言葉を励みにまた頑張っていけると熱く語ります。自分の人生、最後にいい仕事ができたと思えれば、幸せな人生だったと思える。彼女にとって「介護」は天職なのです。

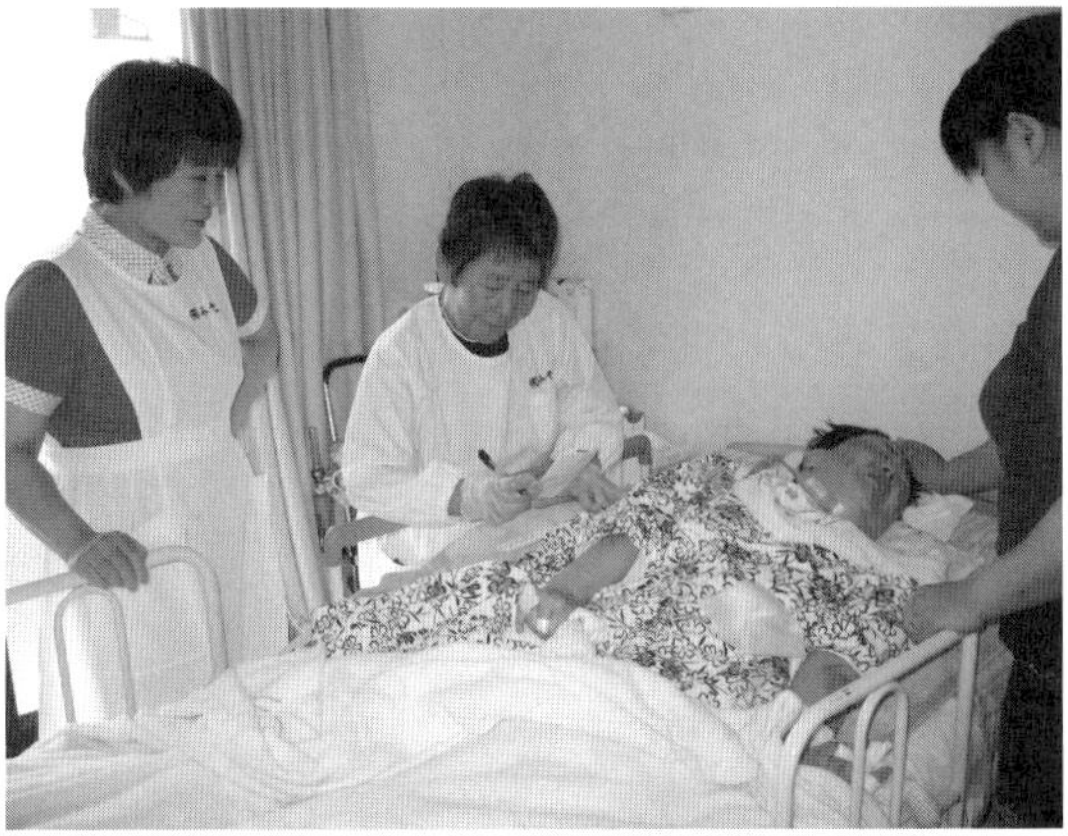

微妙な体調変化も見逃すことなく、早期に対処することにより大事に至らず、一日一日命を守っていけるのも、彼女の利用者さんに対する愛情と仕事に対する姿勢の賜です。彼女の仕事に対し賛同する多くの職員も、日々研鑽し努力を重ねています。施設は地味でも利用者さんも職員さんも日々充実した時を過ごしているようです。最近、「みのりホーム」の存在が知られるようになり、入所希望者や遠方の市の福祉課の方など、多くの見学者をお迎えするようになりました。規模は小さくともその存在を誇る、日本の桜の木のように「みのりホーム」は育っていくことでしょう。

論より証拠。この本を読まれて、興味のある方は是非、見学にいらしてください。

この人の下で仕事がしたい！

チーフヘルパー　滝澤　七美子

「みのりホーム」に仕事に来て、まず鈴木所長にビックリ！　なぜこの人は、寝る間もなく、こんなに仕事をするんだろう！　この人の下で仕事をすれば、私の仕事も認めてもらえる――そう思うようになりました。

まだ勤めて数年ですが、笑ったり喜んだり、怒ったり悲しんだり、ともに涙を流したりと、人が人を看ることは、こんなにも難しいものなのかと、日々考えさせられます。

また、人には出会いがあり別れがありますが、出会いには何か不安があり、希望があり、

楽しみもあるような気がします。別れは、一日で、2～3日と言われた方が1ヵ月～3ヵ月～6ヵ月と伸び、その方々の運命だと、でもいつも、いつでも辛く悲しいものです。

ホームに入所していただいている方々には、日々、満足なかかわりができず、辛いことがあります。それでも「ありがとう」の言葉と笑顔を見るだけで、この仕事をしていてよかったと思えるし、少し遣り甲斐を見いだせるような気がします。

ホームにはさまざまな病気の方が入所されていますが、ここでは介護に対して、勉強させていただける職場だと私は思います。

鈴木所長、出版おめでとうございます。

”よく頑張ってる！“をあなたに

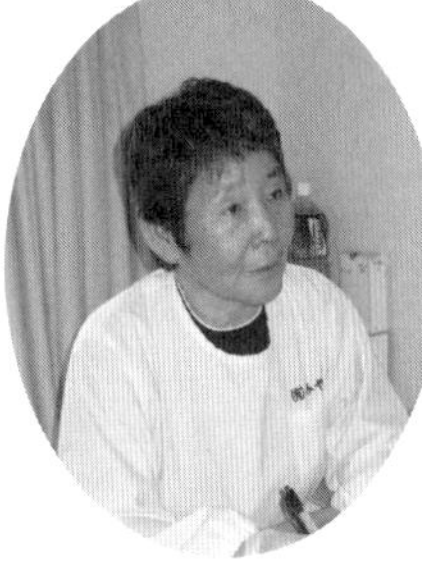

総師長　多田　幸

在宅看護を定年まで10年間参加してきた私が、定年を期に再就職した職場が、現在勤務している「みのりホーム」です。

アパート式の勤務場は、一部屋一部屋ドアを開けて訪問します。全収容数23名、人工呼吸器装着6名、胃ろう管理14名、気管切開管理7名の方々を相手に、職員・看護師・介護支援員・介護師・ケアマネージャーを含め43名で、日夜奮闘しています。

現在の医療現場を小さくして、そのまま持ってきたような、このホームは私費を投じ

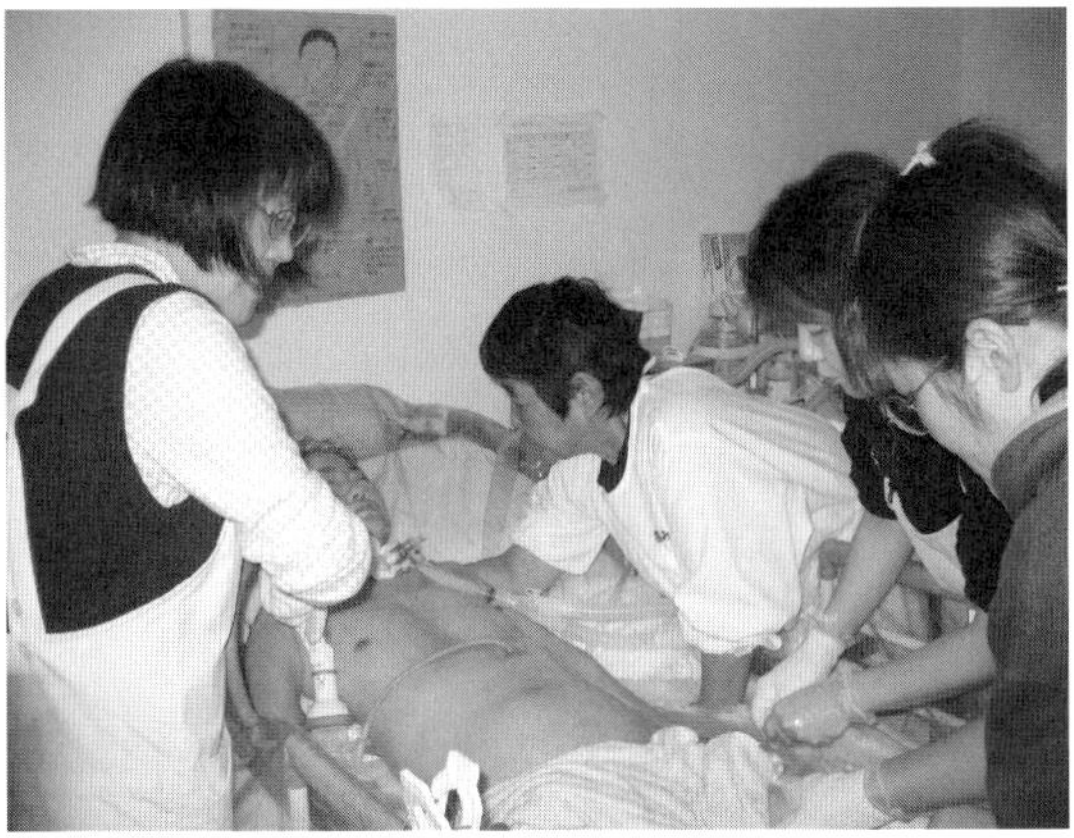

て7年前に開設、ここ2、3年、医療界では病院から在宅へと働きかけ、在宅看護へと流れているように思えるが、呼吸器を装着した方の看護（24時間看護）を家族だけ、もちろん介護師や看護師が入っても、家族の負担（精神的・肉体的）に無理が見られることが多い。

そんな中、みのりホームでは、その負担を担っていると思うが、このやり方でも無理が生じていると思われる。今まで、社会のため、家族のため、と頑張ってきた患者様がどんどん追いやられている感じがするのは私だけなのか。一目瞭然に看護できる認可のある施設をぜひ作ってほしいと思います。患者さんのためにも願う思いです。

施設長の思いやり、やさしさ、頑張りだけで、このままでいいのでしょうか。

こんなに大変な患者様が、もっともっと生き生きと生活できる施設が、私たちスタッフの願いでもあります。施設長も日夜勉強の毎日。必要と思うところには、研修に研修を重ねています。しかし私財のみでは限度があります。利用しやすい施設の建設を援助してくれる公的資金の導入をお願いしたいです。土地を買おうとすると高く、調整区域だと建設できず、何かよい方法はないのでしょうか。小泉総理が、"よく頑張った"と激励した人がいたようですが、何にもない、身動きできないこの施設長のような人物にこそ"よく頑張っている""よく頑張った"と言ってほしいと思います。

ALS、筋ジストロフィーetcの難病を抱えている人のためにも、エールを送りたい。

あとがき

思い起こせば、今日まで後ろを振り返る暇もなかった。

看護に身を捧げて40年――その道は険しく、さまざまな苦難の連続だった。しかしそれは同時に、私に新しい夢と希望とを抱かせてくれた。看護の道は私にとって、人生そのものだったと言ってもいい。そしてその道は今なお続いている。

本書で述べた通り、『みのりホーム』は病院でも特別養護老人ホームでもない。普通のアパートと同じだから、思うように外出できず、療養者同士が気軽に顔を合わせられるアメニティスペースもない。そのことを、ずっと残念に思っていた。

しかしそんな折、埼玉県の三郷市彦成で病院が売りに出されたことを知り、また借金をして新たな難病ケアハウスの立ち上げを決意した。平成18年7月1日には、スタッフ

50名、30床の『難病ケアハウス　仁』がオープンした。

〝仁〟という名前は、施設長であり息子の「高仁」からとったものだ。経営面で私を、助けて支えてくれた高仁が経営者となる。

私の人生は挫折を繰り返してきたが、これまで私のことを「お母さん」と慕い、支えてくれた周囲のスタッフや患者さんは、決して私を裏切らなかった。ちょっとした気持ちの行き違いから転院してしまった患者さんもいたけれど、それもバネに今日まで頑張ってこれたように思う。血縁ではなく、今ではともに生きる彼らこそが私の家族なんだと思えるようになった。私はたくさんの温かい家族に囲まれ、心から幸せだと思う。

新しい難病ケアハウスを立ち上げることで、今度はどんな苦難が待ちかまえているだろうか。未来は誰にもわからない。でも、目の前には新しい可能性が拡がっている。『みのりホーム』では実現できなかった憩いの場をつくり、ショートステイとデイサービスを受け入れ……などと新たな構想を練っていると、夢はどこまでも膨らむ。いずれにしても、私にはまだまだ後ろを振り返っている暇はなさそうだ。

あとがき

「3ヵ月で追い出されてしまうことのない、患者も家族も一生安心して居られる施設が全国にあるべきではないか」――ただそのことを一人でも多くの方たちにわかってもらいたくて、本書は出版されることになった。一看護師が施設を立ち上げた例は『みのりホーム』が初めてだそうだが、それは決して不可能なことではない。本書がきっかけとなって、同様の施設が全国へと拡がっていけば幸いである。

鈴木　夢都子

鈴木　夢都子（すずきむつこ）

1950年富山県魚津市で、二男六女の末っ子として生まれる。東京歯科大学市川総合病院、日赤健診センター、健和会系病院や個人医院、訪問看護などで40年の看護師生活。

1999年1月、私財を投じて埼玉県三郷市に全国初のナーシングホーム「みのりホーム」を開設。

2004年にグループホーム「夢ホーム」も始め、本年7月に三郷市彦成の病院施設跡地に30床の「難病ケアハウス　仁」を立ち上げた。

マザー夢都子《むつこ》物語　　定価　本体1,200円＋税

2006年7月1日　　第1刷発行

著　者　鈴木夢都子

発行人　今村栄太郎
発行所　株式会社　日本プランニングセンター
〒271-0066　千葉県松戸市上本郷2760-2
電話　047-361-5141（代）　FAX　047-361-0931
e-mail：jpc@jpci.jp　URL：http://www.jpci.jp

Printed in Japan
印刷・製本／壮光舎（株）

ISBN4-86227-004-2　C2047　¥1200E